保育者のための基礎と応用

楽しい造形表現

子どもの造形表現研究会・編著

圭文社

はじめに

　子どもの絵には不思議な魅力があります。まだヨチヨチ歩きの赤ちゃんが無心に描いたぐるぐる描きの線にも軽やかなリズムと温かさが溢れています。逆に、真っ黒に塗りつぶされ、悲しいような重苦しい画面に出会うこともあります。子どもの絵はその時々の心の表現であり、心身の発達を示すバロメーターといえます。

　誰でもはじめは子どもだったのですが、成長するにしたがって、自分が本来もっていたであろう素直さ、純粋さを忘れてしまいがちです。子どもの絵を見るとそれを思い出させてくれるから感動するのでしょう。保育者をはじめ、これから子どもと関わろうとする人々は"自分もかつては子どもだった"ということをぜひ覚えていてください。保育の第一歩はここから始まります。

　自分の考えや気持ちを誰かに知ってもらいたいという感情は皆もっています。造形表現は、心の中の感動や喜びを色や形によって表現しあう活動です。人間はこれまでたくさんの優れた美術作品を作り出してきましたが、その始まりには生きるための、生活のための必要性が息づいていました。現代の私たちは「表現」を通して自然や人間と関わることの楽しさ、重要性を忘れかけてはいないでしょうか。この本の中にはそれを考えるヒントがあります。造形表現の楽しさ、表現の楽しさに触れてその大切さについて考えていただけたら幸いです。

　本書は、幼稚園教育要領および保育所保育指針に示された保育内容「表現」について、幼児の造形表現活動への理解と指導、支援の方法と実際についてわかり易く解説し、実践例を紹介することを目的に編集しました。絵を描いたりものを作ったりすることに苦手意識をもっている人も多いと思います。本書では、保育者のセンスと幼児の活動の支援という両面から、ぜひ知っておきたい内容をChapterごとにまとめました。保育者自身の感性を育てるとともに子どもを理解し、子どもと一緒に造形活動に取り組もうとする姿勢と努力が大切です。子どもにとっての造形表現は、想像力や感動する心を育む重要な営みであり、それが生きることへの強いモチベーションになっていくのです。

　21世紀を迎えて、子どもたちを取り囲む環境も大きく変わりつつあります。人間が人間らしく生きていくための基礎的能力を幼児の段階で身につけさせにくくなってきています。様々な活動に関わる造形表現を中心にした本書を通じ、保育者として理論的・実践的に、このような社会の中に生きる子どもたちに何かを訴えかける手立てをつかんでほしいと願っています。

　子どもは、自分と一緒に描いたり作ったりしてくれる先生を待っています。幼児一人ひとりの表現と育ちを大切にしながら、子どもたちと造形活動を楽しんでください。保育を志す学生の皆さんが幼稚園や保育所実習の前に本書を活用し、幼児にとって造形活動がどのようなものかということを理解しておいてほしいと思います。また保育の場においては「実践プログラム集」を参考にして、皆さん自身による指導計画を作成し、実践されることを期待しています。

編・著者一同

Contents 目次

Chapter1 造形表現とは何でしょうか
1.造形の本質 ・・・・・・・・・・1
　(1) 表現という言葉 ・・・・・・・・・・1
　(2) 造形芸術というジャンル ・・・・・・・・・・1
　(3) 造形芸術は何を表現してきたか －造形の歴史－ ・・・・・・・・・・2
2.芸術の必要性 ・・・・・・・・・・7
3.造形教育の歴史 ・・・・・・・・・・9
　(1) 明治時代前期 ・・・・・・・・・・9
　(2) 明治後期～大正 ・・・・・・・・・・11
　(3) 昭和初期～第二次世界大戦 ・・・・・・・・・・14
　(4) 第二次世界大戦（太平洋戦争）後 ・・・・・・・・・・15

Chapter2 なぜ造形表現をするのでしょう
1.子どもにとっての造形表現活動とは ・・・・・・・・・・19
　(1) 子どもにとっての表現 ・・・・・・・・・・19
　(2) 遊びと造形表現 ・・・・・・・・・・20
　(3) 自分を表現する ・・・・・・・・・・20
　(4) コミュニケーションとして ・・・・・・・・・・21
2.子どもにとっての造形表現の意義と目的 ・・・・・・・・・・21
　(1) 人間形成の基礎として ・・・・・・・・・・21
　(2) 創造性を育む ・・・・・・・・・・22
　(3) 感性と情操豊かな人間性 ・・・・・・・・・・23
　(4) 表現の喜びと楽しさ ・・・・・・・・・・24
　(5) 「もの」との関わり ・・・・・・・・・・24
3.子どもの心身の発達と造形表現 －幼児が描くいうこと－ ・・・・・・・・・・25
　(1) 子どもの描画の発達過程 ・・・・・・・・・・25
　(2) 表現の類型 ・・・・・・・・・・30
4.保育内容としての造形 －幼稚園教育要領・保育所保育指針について－ ・・33
　(1) 教育要領と保育指針の相違点と類似点 ・・・・・・・・・・33
　(2) 歴史的背景 ・・・・・・・・・・34

Chapter3 保育者のための造形の基礎
1.絵について ・・・・・・・・・・37
　(1) 基本的な形と明暗 ・・・・・・・・・・37

目次 Contents

　　(2) 人物と動物 ……………………………… 38
　　(3) 構図 (コンポジション) ………………… 41
　2. 版画について ……………………………… 42
　3. 彫塑 (彫刻) について …………………… 43
　　(1) 彫塑 (彫刻) の分類と表現様式 ……… 43
　　(2) 彫塑の美的要素 ……………………… 44
　4. デザインについて ………………………… 44
　　(1) デザインの分野 ……………………… 44
　　(2) 色彩 …………………………………… 45
　5. 工作・工芸について ……………………… 48
　　(1) 工作・工芸の意味 …………………… 48
　　(2) よく使う道具や材料 ………………… 48

Chapter4 実践プログラム集
　1. 描く楽しさ ………………………………… 51
　2. つくる楽しさ ……………………………… 56
　　－子どもとつくるプログラム－ ………… 57
　　(1) 子どもに伝えたい基本的な技法 …… 58
　　(2) さまざまな素材をつかって ………… 75
　　(3) 遊ぶものをつくろう ………………… 90
　　(4) 保育者がつくって見せる …………… 96
　3. 幼児の発達に即して指導案の事例を考える …… 99
　4. 年間指導計画案 (造形表現を中心として) …… 102
　5. 評価の手がかり …………………………… 105
　6. プロジェクト活動－子どもが主役の造形活動－ …… 107
　7. 保育室のインテリアデザイン－季節の変化を感じながら－ …… 110
　　－参考資料－子ども歳時記 (身近な季節行事) …… 116
　8. 素材や道具と仲良くする ………………… 120
　9. こんな時どうする －保育者へのアドバイス－ …… 123

参考文献 ……………………………………… 127
写真提供 ……………………………………… 128
編著者紹介および執筆分担

Chapter1 造形表現とは何でしょうか

1. 造形の本質

（1）表現という言葉

　Expression（表現）という言葉は＜ex（外へ）＞という接頭語と＜press（押す、圧縮する、搾る）＞という動詞の名詞形からできています。従って、「表現」とは言葉の構造からみれば「外へ押し出す」、「凝縮したものを搾り出す」ということを意味し、芸術表現ということであれば、作者が作品内容を自らの内から外へと押し出すことであるといえます。作品内容としては例えば、喜び、悲しみ、怒りといったさまざまな感情や心情、そして世界観や思想などが考えられます。また、日常の場面においても私たちは、それと同じ事柄を身振り、行動、言語などを使って表現しながら生活しています。このように、芸術に限らず自分の気持ちや考えを他者に伝えることが表現であるとすれば、表現とは極めて身近なもので、私たちの生活は表現なしには成立しないともいえるでしょう。

　表現が内側から外へと向かうのに対して、逆に外側から内面へと入り込んでくるのが印象（impression:内へと圧縮すること）です。つまり、感覚を通して入ってきた多様な情報を圧縮、凝縮することによって生じる一定の心的状態を印象と呼ぶことができます。印象もまた、芸術作品から受けるものから、日常生活の何気ない場面において生じるものまでさまざまです。そして、印象と表現は多様なレベルで対応関係にあります。私たちは心のなかに生じた印象を、言葉、身振り、芸術作品等の媒体を通して誰かに伝えよう、表現しようとします。未だ形をもたない印象に特別な形式が与えられ、表現されるところに芸術作品が生まれます。これから扱う造形芸術は、人間の内面に生じた印象を色、形、空間という主として視覚へとはたらきかける要素によって、知覚可能な形式へと置き換えていく表現活動であるといえます。

（2）造形芸術というジャンル

　芸術のジャンルはその表現媒体の違いによって空間芸術、時間芸術、そして両者の特性を兼ね備えた総合芸術に分類することができます。二次元あるいは三次元の空間のなかで表現を展開するのが空間芸術で、絵画や彫刻など美術の分野がそれに属し、時間の流れのなかで表現するのが時間芸術で、文学や音楽などの分野があげられます。また、空間と時間の両方を表現に取り入れるのが総合芸術で舞踏や演劇、映画などがあります。造形芸術という場合、狭い意味では色や形を使って表現対象の「像」を形成するところの絵画、版画、彫刻をさし、広い意味ではさらに建築、工芸、デザイン、写真などを加えることが

できます。これらはすべて空間芸術に属しているといえます。また、今日では芸術系大学の造形芸術を学ぶ学部には、イラスト、アニメーション、環境デザイン、メディアデザインなどの新しい分野の科目を開設しているところもあり、造形芸術というジャンルは広がりつつあります。

もともと造形芸術とは絵の具、粘土、木材、石といった物質的な媒体によって模像、似像を作る芸術、すなわち先にあげた狭義のジャンルを意味していました。従って、文字や音のような記号や空気の振動といった非物質的な媒体を使って、表象や抽象の世界で成立する時間芸術との区別は明確でした。しかし、20世紀に入ってからは似像を作らない抽象的絵画や彫刻も数多く造られるようになり、音や光を組み合わせた絵画、実際に動くことによって時間を取り入れた彫刻なども珍しくなく、さらに先にあげたような新しいジャンルも登場して、空間・時間・総合というジャンル間の境界はあいまいになってきています。あえて造形芸術の特徴をあげるとすれば「物質的媒体を使い、現実の空間のなかで表現が展開され、主として視覚にうったえる芸術」ということになるでしょう。

(3) 造形芸術は何を表現してきたか ― 造形の歴史 ―

1) 古代

現在、確認できる人類最古の造形活動の痕跡は、約3万年前に現われたクロマニョン人によるもので、旧石器時代後期に属しています。フランスのラスコーやスペインのアルタミラに代表される洞窟絵画や岩壁に彫られたレリーフ、石や骨などによる丸彫り彫刻がそれにあたります。洞窟絵画は光の差し込まない洞窟の深奥部の壁面に描かれており、主題のほとんどは野牛（ビゾン）や馬などの動物によって占められています。旧石器時代の人々は何のためにこのような壁画を描いたのでしょうか。狩猟の合間の楽しみのためとする娯楽説、見たものを再現したいという欲求に基づく模倣衝動説、あるいは装飾本能説、狩猟方法を図を用いて伝達するためなどさまざまな解釈がなされてきましたが、最も有力なものは呪術説です。描かれた動物は当時の人々が食糧としたものと思われるので、そうした動物の繁殖と狩猟の成功を祈るために描かれたと考えられ、壁画の前で実際に儀式が行なわれたことを思わせる多数の足跡が残された洞窟もあります。

造形活動はこのように呪術やそれに伴う儀式との密接な関係の中で始まったものと考えられ、やがてそれは神話や宗教と結びつくことになります。ヨーロッパ芸術の古典的規範として今もなお輝きを失わない古代ギリシアの美術は、主としてギリシア神話の世界を表現したものであり、数多く残る神殿建築はまさに神々が地上に降臨する場所として建てられました。その内部には神の像が安置される部屋が作られ、神殿の周りでは宗教的儀式が行なわれました。

2）中世から近代へ

ユダヤ教に起源をもつキリスト教はパレスチナの地で生まれたイエス・キリスト（BC.7-4 頃 – AD.30 頃）への信仰によって始まり、ローマ帝国内での度重なる迫害にもかかわらず次第に信者を増やし、313 年のミラノ勅令で公認されると急速に発展しました。その後ローマ帝国の国教としての地位を獲得するとともに、ヨーロッパ全土へと拡がっていくことになります。キリスト教神学は、教父哲学を代表するアウグスティヌス（354 – 430）によって基礎が確立され、13 世紀のスコラ哲学者トマス・アクィナス（1225 – 74）にいたって完成したとされます。このように神学が形成された時期、すなわち中世はキリスト教会の勢力が最も強かった時代であり、芸術とはキリスト教芸術を意味したといっても過言ではないでしょう。

従って、中世ヨーロッパにおける建築とは教会建築であり、絵画は教会の壁面や天井に描かれ、ステンドグラスとして窓を飾るものであり、彫刻は教会のファサード、外壁、柱の一部を構成するものとして造られたのです。それらの主題はキリストや聖母マリアの像、聖人や聖書の物語の一場面で占められました。つまり、中世における造形芸術のすべては教会に代表される宗教的建造物に集中し、キリスト教に奉仕するものとして位置づけられたのです。天空に向けて高々とそびえる教会建築はキリスト教の権威を象徴し、ステンドグラスを通して差し込む神々しい光は神聖な内部空間を演出し、壁面に描かれた絵画は「文字を読めない人々にとっての聖書」としての機能を果たしました。

イタリアに興り、15 ～ 16 世紀に頂点に達したルネサンス美術は、時期的には中世から近世への移行の時代にあたりますが、主題の面では依然としてキリスト教との密接な関係のなかで展開されました。しかし、その表現様式には大きな変化が見られました。絵画を例にとると、中世の宗教画における空間表現は平面的で、描かれた対象の位置や大きさの関係などを見ると非現実的な印象を受けます。また、キリストやマリアの表情には厳格さが漂い、画面全体を緊張感が支配しています。なぜならば、そこに描かれているのは現実を超えた神聖な世界だからです。それに対して、ルネサンスの宗教画には三次元的な深々とした奥行きが描き込まれ、キリストやマリアの表情には血のかよった人間的な温かみと感情が感じられるようになります（図 1 – 1）。

図1-1：フラ・アンジェリコ 「受胎告知」1440 年代前半

絵画空間の奥行きは、ルネサンス期に建築家ブルネレスキ（1377 – 1446）によって発見され、絵画にも応用されるようになった透視図法によって描き出されました。それは人間の眼に世界がどのように映るかということを幾何学的に体系化したもので、三次元の現実空間を二次元の平面へと変換する技法でした。中世の絵画空間が神の視点から見た神聖な世界を描こうとしたものであったとすれば、ルネサ

ンスのそれは人間の視点から描かれた現実空間の表現であるといえます。こうした視点の移行＝空間表現の変化の中には、この時代における人間の地位の向上が反映されていますが、それでも、世界はまだ神と神によって造られた不動の地球を中心に回転していました。しかし、ルネサンス期に現われたコペルニクス（1473 − 1543）の地動説によって中世的・キリスト教的宇宙観は根底から覆されようとしていました。

　17世紀は近世幕開けの世紀といわれます。自然科学の分野で新しい時代を開いたのはガリレオ・ガリレイ（1564 − 1642）とニュートン（1642 − 1727）でした。彼らは自然現象を説明するにあたって神の力を想定せずに、実験や観察によって得られたデータを数学的に解析することで、自然現象を支配する法則を導き出そうとしました。世界は神によって動かされているという中世的・キリスト教的自然観から、それは数式によって記述可能な自然法則によって動いているという自然観への変化は、芸術の分野では絵画における風景描写の扱われ方の変化となって現われました。超越的な神の表現が中心であった中世においては、風景が描かれることは稀でした。感覚によって捉えられる現実の風景は、知性によって捉えられる神的な世界に比べればはるかに価値の低いものであったからです。ルネサンス期において自然が「神の現われとして美しい」と解釈されるようになると、風景は宗教画の背景を飾

図1-2：ロイスダール「大きな森」1660年

るものとして盛んに描かれるようになりますが、まだそれは二義的存在として、宗教的テーマに従属していました。それが17世紀になって、自然が神から独立した存在として科学の対象となり、風景それ自体の価値が認められるようになると、風景描写も宗教画から独立して「風景画」というジャンルを確立することになったのです（図1-2）。つまり風景画の成立は、芸術が宗教から独立して独自のテーマを表現するようになったことを示す重要な出来事だったのです。

図1-3：ラ・トゥール「ポンパドゥール夫人」1775年

　もちろん、近世以降、ギリシア・ローマ神話やキリスト教をテーマとした宗教芸術が消滅してしまったわけではありませんが、17〜18世紀を通して芸術が扱う主題は明らかに多様化しました。中央集権的近代国家の成立にともない、教会に代わって時代の権力者となった王侯貴族の肖像や華やかな宮廷生活、民族の歴史などが描かれ、18世紀には貴族とともに新たに出現した富裕市民層も芸術愛好者に加わり、野外での宴、恋愛、楽師、演劇の舞台などが繊細、優雅に表現される一方で、日常の静物や庶民的な風俗が取り上げられるなど、時代の変化に応じ

て次々に新しい主題が開拓されていきました（図1-3）。

3）現代 ― モダンからポストモダンへ ―

1789年のフランス革命によって専制政治と封建制度が崩壊し、市民一人ひとりが権利の主体として認められる新しい社会体制への道が開かれた頃、芸術の分野でも古典主義的伝統に代わって新たな価値観を提示するロマン主義が登場します。ギリシア美術に始まり、中世での断絶を経てルネサンスへと引き継がれた古典主義の特徴は、普遍的な美の理想を追求することでした。そのため、古典主義は先人の偉大な業績に美の規範を求め、守るべき制作技法の伝統を有していました。それに対してロマン主義の芸術は規則に制約されない自由な創造活動を特色とし、個々の芸術家に根ざした多様な美が追求され、それを受容する個人の感受性が重視されました。ロマン主義芸術においては、古典主義の調和に対する混沌、落ち着いた色調に対する強烈な色彩対比、静的で安定感のある構図に対してダイナミックな動きが強調され、事実に取材した悲劇や惨劇、アフリカやオリエントなどヨーロッパに属さない地域の風俗や美への関心が表現されることにもなりました。

ロマン主義とともに19世紀の美術に新たな方向性を示したのが写実主義です。ここでいう写実とは、眼に映る対象をそのまま再現する制作技法としての写実ばかりではなく、ありのままの現実を美化あるいは理想化することなしに表現するという意味での写実が含まれています。貧しい農民や都市の下層市民の生活、過酷な労働、裕福な生活と背中合わせの頽廃、物欲や権力欲など人間の醜悪な側面などが率直に表現されるようになりました（図1-4）。19世紀の芸術はすべての芸術家が目標とし、すべての人に認められるよう

図1-4：ドーミエ「洗濯女」1860年

な「普遍的な価値」や理想的な美ではなく、芸術家の独創性や「個人的な価値観」を重視し、特権階級の華やかな生活ではなく庶民の現実を語り始めたのです。

ロマン主義以降の個性を重視する傾向は、芸術表現の多様な可能性とそれにともなう多様な様式をもたらすことになりました。それを顕著に示すものが20世紀初めのドイツを中心に展開されたドイツ表現主義と同時期のフランスにおけるフォーヴィスムです。両者はともに個性的な表現様式をもつ芸術家たちの集まりでしたが、共通していることはその眼差しを外界から自己の内面へと向け変えたことでした。こうした視線の転換は19世紀後半の印象派の風景画にもすでに見ることができます。印象派の画家たちが表現しようとした風景は、その客観的な色や形ではなく、風景から受けた主観的な印象でした。モネが同じカテドラルを時間や気象条件によって移り変わる光に応じてくり返し描いたのは、単にその色が変化

するからではなく、色彩の変化によってそこから受ける印象が変化するからです。ドイツ表現主義、フォーヴィスムがともに影響を受けたゴッホが描く風景は、もはや外界とはいえないほど強く彼の内面を投影しています。うねるようなタッチ、教会の前で二手に別れた道は画家の魂の震え、内面の葛藤を見る者に強く印象づけます（図1-5）。いわば「主観的な風景」というかたちではじまった印象派における視線の転換を徹底したドイツ表現主義とフォーヴィスムは孤独、不安、悲哀、疎外、熱狂、怒り、嫉妬、絶望といった個人的感情、内的傾向の表現を追求しました。

図1-5：ゴッホ「オーヴェールの教会」1890年

しかし、芸術が独創性と自己表現によって特徴づけられる時代はそれほど長くは続きませんでした。ドイツ表現主義とフォーヴィスムが独創性を競い、自己表現を展開していた同じ時期にすでにそれを否定する芸術が現われます。マルセル・デュシャン（1887 - 1968）が「泉」（1917）という作品を発表し、後に「レディ・メイド（既製品）」と呼ばれる表現手法を提示したのです。彼は作家の手は署名以外何も加えられていない既製品（男性用便器）をそのまま流用して、「泉」というタイトルをつけて作品として展示したのです。大量生産品をそのまま用いたこの作品においては、ロマン主義以降の芸術を特徴づけてきた作家の独創性も自己表現もあっさりと否定されてしまっています。こうした傾向は20世紀後半により顕著なかたちで現われることになります。

図1-6：リキテンシュタイン「わかっているはブラッド…」1963年

アンディ・ウォーホル（1928 - 87）やロイ・リキテンシュタイン（1923 - 97）によって代表され、1960年代アメリカに始まるポップ・アートは、私たちの生活を取り囲む誰でも知っているイメージ"広告、商品のパッケージ、コミック、著名人、既存の芸術作品"の流用や引用によって「芸術＝独創的な自己表現」という図式を破壊してしまったのです。コミックの一場面を拡大したリキテンシュタインの画面にしても（図1-6）、マリリン・モンローやキャンベル・スープ缶を反復したウォーホルのシルクスクリーンによる作品にしても、そこに提示されているのは巷に流布している既成のイメージそのものであり、彼らが独自に作り出したものではありません。従ってそこには、作者自身の感情や内面の葛藤が入り込む余地はないのです。19世紀前後から20世紀前半にかけて形成されてきた独創性と自己表現を特色とするモダン・アートに対して、それを否定したポップ・アート以降はポストモダンと呼ばれています。

2．芸術の必要性

　芸術は呪術や宗教との密接な関係において始まり、ヨーロッパではキリスト教と一体化したかたちで発展してきました。しかし、17世紀以降こうした関係は弱まり、芸術は独自の領域を確立するに至ったのですが、それによって芸術が自らの領域に閉じこもったわけではなく、常にその時代からの影響を受け、また影響を与えるという仕方で社会と関わりながら表現活動が行なわれてきました。芸術は社会の要求に応えるという側面を有しており、それが17世紀以前のヨーロッパにおいては主として宗教的な要求であったといえます。それはやがて王侯貴族の要求へと変わり、フランス革命以降の近代国民国家成立の時代には政府の政治的要求や民族主義的要求が表現されるようにもなりました。

　十字架や教会建築がキリスト教の信仰心、神の偉大さを、壮麗な宮殿が国王の権力を象徴し、自民族の英雄をモチーフとして造られた国民的記念碑がその偉大な歴史を語りかけることで民族の誇りや愛国心の高揚に寄与してきたことからもわかるように、芸術はシンボルとして人々にある一定の価値観を示し、ひとつの方向へと導くような機能を有しています。

　しかし芸術は常に権力の側につき、利用されてきたわけではありません。ゴヤが「1808年5月3日、プリンシペ・ピオの丘での銃殺」（1814）によってナポレオン軍によるスペイン侵略を、ピカソが「ゲルニカ」（1937）によってナチスによる空爆を、丸木位里・丸木俊夫妻が「原爆の図」（1950 − 82）によって人類が初めて体験した「核」による惨劇を描き、戦争という人類の犯した罪を告発してきました（図1-7）。それらは画像のもつ感性に直接訴えかける力によって、人類の経験した痛みや悲惨を伝え、言葉では表現し尽くせない戦争の実態を認識せしめ、優れた「歴史の証言」ともなっているのです。

　芸術体験あるいは自然の美に触れるような美的体験が感性を刺激し、豊かな感受性や情操を育み、創造性の発達を促すことはよく知

図1-7：丸木位里・丸木俊「原爆の図」1950-1982年

られています。教育や保育のカリキュラムのなかには必ず感受性や創造性を養うためのプログラムが用意されています。しかし一方で、知性を育てる教育プログラムに比べて感性を育てる活動はそれほど重視されていないという指摘があることも事実です。現在の社会状況を表わす言葉としてグローバル化、情報化、二極化といった表現が使われ、国内外におけ

る経済競争は厳しさを増し、その結果生じた貧富の格差は新たな社会問題となっています。こうした社会の中で生きていくために必要な能力として、美的感受性や創造性は周辺的な位置を占めるに過ぎないという社会的評価が、教育現場での芸術系科目の位置づけに反映されているといえるでしょう。教育機関は政治的・経済的な社会環境からは独立した独自の理念や価値観を堅持すべきではありますが、それが社会的機関である以上、社会の要求から自由ではないし、実際にそれぞれの時代における社会的要請に応えてきたのです。

芸術が生活にうるおいを与えるもの、ストレスを癒してくれるもの、余暇の充実といった従来の視点からのみ捉えられる限り、社会における芸術の評価、そして教育におけるその位置づけは周縁的なものに留まることになるでしょう。しかし現在われわれが直面している社会的なリスク"国際関係における宗教的・政治的・経済的対立とそれに伴う紛争、テロの増加、国内における凶悪犯罪の低年齢化、格差社会の進行等々"を考えるとき、感性的能力の意味を再検討する必要があるのではないでしょうか。

ここで感性的能力とは感受性、想像力、創造性を指すものとします。創造することは構想を練る、アイディアを提示するということと関わるゆえに、思考とも結びついています。歴史的にも感性と知性は本来密接に連関するものとして捉えられてきました。アート（art）の語源であるラテン語のアルス（ars）は組み立てる、工夫するという創造性に関わる意味の他に「知識」という意味もあわせもっていました。人間の成長には感性と知性のバランスの取れた発達が必要であるといわれますが、造形活動は感性ばかりではなく、柔軟な思考を鍛える場としても機能することで両者を結びつけ、バランスの取れた人間形成に寄与することができるのです。

造形的思考は開かれた思考であり、必ずしもひとつの解答へと収束することを目指すものではありません。表現したいテーマに向けて素材を選び、色や形の組み合わせや全体像を構想し、実際に制作する過程において常に答えはひとつではなく、思考はさまざまな方向性へと開かれており、出来上がる作品の可能性は多様です。こうした造形的思考の特性は他者理解を助け、社会性を身につけることとも関わっているのです。多様な可能性を視野にいれた柔軟な思考は、多様な価値を認め合おうとする意識とつながっているからです。他者の作品に想像を働かせ、制作の意図を敏感に感じ取ることは、そこに別の自分"もしかしたら自分が選択したかもしれない作品の方向性"を発見することでもあるわけです。相手に対して想像力を働かせること、他者の中に潜在する自分を見出す感受性をもつことが、民族、文化、宗教、政治体制の異なる人間同士が理解し合える基盤を築くことにもなるのです。造形活動はそうした感受性と柔軟な思考を育て、互いの価値を認め合い、協調的に社会生活を営むことのできる人間を育成するという意味において、その重要性が再認識されるべきではないでしょうか。

3. 造形教育の歴史

（1）明治時代前期

　日本の近代教育制度は1872（明治5）年の「学制」の発布に始まります。そこには小学校就学前の幼児を対象とした教育機関として「幼稚小学」という名称が見られますが、それが設立されることはありませんでした。実際の幼児教育は1876（明治9）年の東京女子師範学校附属幼稚園の開設からでした。附属幼稚園は監事（園長）にフレーベルの幼稚園教育論のための手引書（アドルフ・ドゥアイ著『幼稚園―フレーベルの初等教育の体系を公立学校に導入するための手引書、あわせて母親および家庭教師にも役立つ手引書』1872年）を翻訳して『幼稚園記』（1876）として出版した関信三（せきしんぞう）が就任し、初代主任保母として松野クララを迎えました。彼女はフレーベル主義の幼児教育者としての専門教育を受けたドイツ人ですが、農商務省勤務の日本人と結婚した関係で日本に住んでいました。こうして明治期の幼児教育はフレーベルの教育思想を中核として開始されることになりました。

　当時の保育内容はフレーベルが開発した教育的遊具である恩物（Spielgabe）を用いた遊びを中心に構成されていました。1877（明治10）年には「東京女子師範学校附属幼稚園規則」が制定され、保育科目として「物品科」「美麗科」「知識科」の三科を定め、この三科がさらに25科目に細分されました。造形に関わる科目としては「五彩球ノ遊ヒ」「形体ノ積ミ方」「木片ノ組ミ方」「粘土細工」「図画」「織紙（おりがみ）」「剪紙（せんし）」などほとんどが恩物を使う活動でした。附属幼稚園の保育科目はその後1881（明治14）年と1884（明治17）年に改訂されますが、そのたびに造形関連の科目が削られ、代わりに「修身ノ話」「読ミ方」「書キ方」など徳育、知育に関する科目が加えられました。その背景には、明治政府の政策が開明主義・欧化主義から徳育と主従関係の秩序を重んずる儒教主義を経て天皇中心の国家主義へと転換されていったという事情があります。

〈フレーベル〉Friedrich Wilhelm Augst Fröbel, 1782 − 1852

　ドイツの教育思想家。ペスタロッチの教育論を継承するとともに、今日にもつながる幼児教育理論を確立し、世界最初の幼稚園（Kindergarten）を創設した人物です。造形教育との関連においては、積み木を中心とした教育的遊具「恩物」を開発しました。20世紀を代表するアメリカの建築家フランク・ロイド・ライト（1867 − 1959）はフレーベルの積み木の影響を受けているといわれます。

　フレーベルは、自然も人間もともに神から生じてきたゆえに、両者は同じ普遍的な法則によって支配されていると考えました。この法則は自然と人間の本質を形成し、永遠に変わる

ことのない神的なものです。人間の使命は自らの内なる神的なものを認識し、それを自分自身の生において実現することにあるとされます。そしてこの神的なものを人間の中に展開させ、意識化させ、そして表現させること、そのための方法や手段を提示することが教育の役割です。現代に即して要約すれば、自然の一部としてそれとともに共生する人間一人ひとりに与えられた先天的可能性を開花させ、自己実現を助けることが教育の目的ということになるでしょう。

このようなフレーベルの基本的な教育理念は、彼の芸術の捉え方にも反映されています。フレーベルによれば芸術とは、人間の内面的なものの表現であり、つまり、永遠に存在する神的なものを人間を通して表現することであるとされます。これはすでにみたように、芸術とは自己表現であるとするロマン主義以降の典型的な芸術観の表明とも考えられますが、フレーベルのいう内面的なものとは、ロマン主義が強調した個人の独自性や個性といった個別的なものではなく、人間の本質を規定する神的なもの、すなわち普遍的なものでした。たしかに彼は、ドイツ・ロマン主義運動の中心であったイェナ大学に学び、その影響を受けていますが、それは普遍的な美の規範を否定し、多様な美の可能性を求めるロマン主義ではありません。フレーベルは芸術を神的・普遍的・永遠なるものの個別的で有限なものにおける現われとする点で、ロマン主義者の中では、詩を精神の内なる無限の宇宙の形象化としたノヴァーリス（1772 – 1801）の象徴主義的傾向に近いといえますし、また、芸術を絶対者の啓示として捉えるシェリング（1762 – 1814）から、「美とは理念の感性的な現われである」としたヘーゲル（1770 – 1831）へとつながるドイツ観念論の考え方に近いともいえます。自然と人間精神はともに絶対者から生じたものであり、根底においては同一であるというシェリングの考えは、先に述べたフレーベルの世界観の中にも見出すことができます。

〈恩　物〉

フレーベルが考案した積み木を中心とした教育的遊具。「恩物」という訳語はフレーベルの教育思想を日本に紹介した関信三によるものです。原語のSpielgabeは「遊戯（Spiel）のための神からの贈り物（Gabe）」という意味をもち、彼の宗教的世界観と子どもの自己活動的な遊びを重視する教育思想が結びついたものです。球、立方体、円柱といった積み木の幾何形体は神が創造した自然の構成要素を象徴するものと考えられ、子どもがそれらを

図1-8：フレーベル「第5恩物」

組み合わせて遊ぶことで、自然の中に示された神の創造の原理に近づくことができるとされました。第1恩物から第6恩物まで、単純な形体から複雑な組み合わせが可能となるものへと子どもがその発達段階に応じて遊べるように配慮されています。フレーベルは積み木を

組み立てて形を作るという子どもにとっての最初の形成活動が、将来の芸術活動に限らず、労働による生産活動の基礎となる学習であると考えていました。恩物は人間の創造活動全般の基礎を遊びの中で形成する遊具として教育活動の重要な部分を担うのです。

> 第1恩物：6色（赤・青・黄・緑・橙・紫）の羊毛製のボール。
> 第2恩物：木製の球、円柱、立方体。（以下、すべて木製で着色なし）
> 第3恩物：ひとつの立方体を8個の立方体に分割したもの。
> 第4恩物：ひとつの立方体を8個の直方体に分割したもの。
> 第5恩物：ひとつの立方体を27個の立方体に分割し、そのうち3個を1/2に分割した三角柱とし、さらに3個を1/4に分割した三角柱としたもの。（図1-8）
> 第6恩物：ひとつの立方体を27個の直方体に分割し、そのうち同じ形の6個を1/2に分割し、さらに同じ形の3個を1/2に分割したもの。

　恩物の種類に関しては、小学生用として部分的に計画されていた第7～10恩物を加えて10種類とする場合や、積み木だけではなく平面遊具（正方形や三角形の板）、線状遊具（木の棒、紙テープなど）、点状遊具（小石、植物の種など）も含めて20種類として紹介されたこともありました。20種類の恩物の使用方法について解説したものに『幼稚園法二十遊嬉（ゆうぎ）』（関信三著、1879）がありますが、これが出版されると恩物が広く知られるようになり、保育内容の中心として活用されるようになりました。

（2）明治後期～大正

　フレーベルの恩物は全国の幼稚園で広く活用されるようになりましたが、それにともない問題点が指摘されるようにもなりました。恩物は「恩物机」と呼ばれる碁盤のように縦横に線の引かれた机の上で、保母の指示に従ってその線に合わせて子どもたちが積み木を置いたり重ねたりするという一斉指導の形式で扱われたようです。その結果、机に引かれた線に合わせて指示された形を作るという指導方法が幼児の特性からみても、独創性を育てるという観点からも適切でないとの指摘もなされました。また、恩物の中には幼児にとって難しすぎたり、興味を引かないものがあることから、その保育効果について疑問が生じるようになりました。これらの問題は、発達段階を考慮して作られたフレーベルの恩物への理解が不十分であったことや、子どもの自発的な遊戯活動を重視した彼の教育理念が浸透していなかったことから生じたものとも考えられますが、恩物に対する評価は下がっていきました。1899（明治32）年に制定された「幼稚園保育及設備規定」では遊嬉・唱歌・談話・手技の保育四項目が定められ、恩物は手技として保育内容の最後に位置づけられることでその中心から退き、恩物中心主義からの脱却が図られることになりました。

　大正期に入ると、19世紀末にイギリスで始まり世界各地に広まった新教育運動の流れが日本にもおよび、大正自由教育運動が起こりました。従来の知識習得を主眼とする教育、

一斉指導に代表される画一的な教授法が見直され、子どもの興味、関心、感動を大切に、その主体的活動を重視する児童中心主義の教育が提唱されました。造形教育の分野では小学校を中心に、山本鼎（かなえ）（1882－1946）が提唱した「自由画教育運動」が広まりをみせました。また、新たな教育思想として感覚教育を重視するモンテッソーリ教育法が紹介されました。

〈自由画教育運動〉

画家山本鼎がフランス留学から帰国の途中、ロシアで見た児童画展に触発されて起こした運動。帰国後山本は、長野県神川（かんがわ）小学校で自らが考える自由画について講演し賛同を得ると、同校で第1回児童自由画展覧会を開催し、日本児童自由画協会を結成、新聞社も巻き込んで精力的に運動を展開しました。山本は明治以来続けられてきた、与えられた手本をそのまま描き写す「臨画」を主とした日本の図画教育を批判し、実際の対象を観察することで、そこから受けた印象を自由に表現することが、子どもの自主性、創造性、個性を育てるために重要であることを主張しました。大正デモクラシーを背景とした改革的な雰囲気や、欧米から入った自由教育運動とも連動して、自由画教育運動は全国に広まっていきました。しかし、自由画指導の要点であった「描画方法を初めから教えるのではなく、必要な技法を子どもが自ら発見するように導く」という目標は、指導にあたって専門的な知識が要求され、美術の教員がほとんどいない当時の状況では達成されなかったばかりか、単に自由に描かせればよいという誤解を招き、放任主義へと陥ることにもなってしまいました。

〈モンテッソーリ〉 Maria Montessori, 1870 － 1952

イタリアの医者、幼児教育者、フェミニスト。ローマ大学医学部に女性ではじめて入学を許可された人物。卒業後、知的障害児の治療に関わる中で、彼女は障害児教育に関心をもち、発達トレーニングの方法を開発します。その成果を健常児にも応用する目的で、ローマのスラム化したアパートの一室に共働きの親をもつ子どもたちを集めた「子どもの家（Casa dei Bambini）」（1907）を開設しました。彼女が「子どもの家」において試みた教育法、いわゆる「モンテッソーリ・メソッド」は19世紀に確立された実験心理学の方法"被験者を注意深く観察して記録する"を幼児教育に適用すること、ならびに障害児教育の先駆者イタール（Jean Marc Gaspard Itard, 1774－1838）やセガン（Edouard Séguin, 1812－80）の業績を発展的に継承することを基礎に成り立っています。

子どもの観察で最も重要なことは、その自由で自発的な行為を保障し、子ども本来の姿を引き出すことにあります。教師は観察者の立場を守り、子どもの自然な発達を妨げない援助を心がけ、強制によって従わせることを避けなければならないとされます。モンテッソーリにとって人間が社会生活を営むうえで必要な規律とは、強制に基づくものではなく、自由を

通して生じなければならないのであって、自立した個人の自覚を基礎に成立するものでした。これは子どもの身体的、精神的成長は生命に内在する神秘的な力を傷つけたり、押しつぶしたりしなければ、自然に達成されるという考え方に基づいたものでした。

モンテッソーリ・メソッドは倉橋惣三(そうぞう)（1882－1955）によって日本にも紹介され、幼稚園の指導法に取り入れられました。また今日でも、モンテッソーリ教育法を中心的指導理念として掲げる幼稚園は数多く存在します。ここでは、造形表現との関連で彼女の教育法の中から手工と感覚教育を取り上げます。

「子どもの家」での手工としては壺の製作があります。子どもたちの製作課題に壺を選択した理由としては、人類最初の食物は壺を使って調理され、古代人の文明を判断するのに土器製造法が手がかりとなること、宗教的な儀式で使用されていたこと、文明人の芸術感情はまず壺の装飾として表現されたことなど、壺には考古学的・歴史的・芸術的重要性があることがあげられています。

モンテッソーリは視覚・聴覚・嗅覚・触覚・味覚の五感を洗練させる感覚教育を重視します。彼女は6歳までの子どもは世界に対する鋭い観察力と強い興味をもつとして、この時期を「敏感期」と称して特に感覚教育が大切な時期と考えました。感覚教育の目的は感覚の洗練にありますが、モンテッソーリがそれを重視するのは感覚の発達が知的活動の発達に先行するとともに、その基礎にもなると考えたからです。感覚教育はそれぞれの感覚器官に対応した感覚教具によって行なわれます。

例えば、視覚的に大きさを識別するための教具として「差し込み円柱」があります。これは、穴が10箇所あけられた木製の差し込み台に分銅のようなつまみのついた円柱を差し込んでいくもので、円柱の高さはすべて等しく直径が段階的に異なるもの、円柱の高さも直径も段階的に異なるもの、円柱の直径はすべて等しく高さが段階的に異なるものという3種類が一組になっています（図1-9）。差し込み台にあけられた穴にぴったりと入る円柱はひとつだけなので、子どもたちは大きさや高さを確かめながら試行錯誤しながらあてはまる円柱を探し出していきます。ここで

図1-9：モンテッソーリ「差し込み円柱」

重要なことは、子どもたちが自分で間違いを修正しながら、最終的に10個の円柱を所定の位置にはめ込むことができるということです。モンテッソーリ・メソッドでは、子どもが自らの努力によって自分自身を完成させること"自己教育"が重視されているのです。

モンテッソーリは諸感覚を分離して単独で働かせることが練習の効果を高めるとして、聴覚の練習は暗い環境のなかで、触覚の練習は目隠しをして行なうのがよいとしました。また、感覚器官に与えられる刺激は段階的な差異を有するよう工夫されています。例えば、色を識別するための教具では、基本となるのは8色（黒、赤、オレンジ、黄色、緑、青、紫、茶）

ですが、それぞれの色がさらに8段階に分かれ、合計64色の識別ができるようになっています。最初は赤、青、黄色のような対比の強い色どうしの識別から始めて、最終的には同じ色相のグループの中での微妙な色の違いを区別できるように構成されているのです。この段階的に刺激を変えることで微妙な違いを識別する練習は、すべての感覚教育に共通の要素です。それによって子どもは対象を注意深く観察する態度を養うことになり、モンテッソーリの表現によれば、感覚教育は子どもを「観察者」にするのです。

　感覚教育によって感覚は洗練され、感受性が豊かになることはたしかですが、モンテッソーリにとってそれは芸術教育のためのものではなく、知的教育の準備段階としての意味をもつのです。形の微妙な識別に慣れた視覚は文字の違いを識別するのに役立ち、触覚の練習で鍛えられた指先は木製のアルファベットの輪郭に触れることで文字を覚えるのに効果を発揮します。また彼女は、感覚教育が十分でなければ、その後の知的教育が生かされないと考えていました。例えば、医学を学んだ学生が心臓の鼓動の原理を理論的に知っていたとしても、聴覚によって微妙な振動の違いを識別できなければ、病気の診断にその知識は生かされないことになるとされます。このように感覚教育は必ずしも芸術表現を目標としたものではありませんが、注意深い観察や微妙な色の識別が対象の正確な描写や美しい色彩の組み合わせを結果としてもたらすともされているのです。

（3）昭和初期～第二次世界大戦

　大正期の民主主義的な傾向から一転して、昭和初期は戦争へ向けて国家主義が強化される時代にあたります。明治以来続いていた日本の朝鮮半島ならびに中国大陸への進出とそれにともなう対立はいっそう激しくなり、満州事変（1931・昭和6）、上海事変（1932・昭和7）を経て日華事変（1937～45・昭和12～20）からは戦争状態へと突入し、太平洋戦争（1941～45・昭和16～20）が始まります。こうした情勢は教育界にも大きな影響を与えることになりました。

　日華事変が始まった年に教育審議会の答申が出され、幼稚園に関する要綱では、強健な身体の基礎を作ること、知識の習得よりも躾を重視すること、国体（天皇を中心とした国家体制）に関する敬虔な心情を育成することを趣旨に保育内容を刷新することが求められました。翌年、文部省は『国体の本義』を出版し、国体の尊厳、天皇への絶対服従、社会主義・共産主義・民主主義・個人主義・自由主義の排撃を掲げ、国民の教化に努めました。この時期に雑誌社が幼稚園の保育内容への時局の影響についての調査を行なっていますが、それによると、国家意識の高揚につながる行事として神社参拝、国旗掲揚、皇居遙拝、時局の話などがあげられ、保育内容の変化としては、造形に関連するものでは慰問袋、肩章、単刀、勲章、双眼鏡、軍帽、軍艦、戦車、高射砲、看護帽などの製作があげられており、幼児教育の現場にも戦時色が現われています。やがて太平洋戦争が始まり、都市

部では空襲が激しくなるにつれ、休止する幼稚園も増えましたが、閉鎖されずに残った幼稚園に対して行なわれた戦時下特有の保育内容に関する調査によると、退避訓練が最も多く、戦争に関する話、歌、遊戯がそれに続き、神社参拝、宮城遙拝、戦争に関する製作、愛国心の養成などがあげられ、過激なものとしては「敵の人形を攻撃」というものまでありました。

（4）第二次世界大戦（太平洋戦争）後

　1945年8月、広島と長崎に原子爆弾が投下され、日本は無条件降伏勧告と連合国による戦後処理の方針が定められたポツダム宣言を受諾し、戦争は終結しました。終戦と同時に連合国軍最高司令官総司令部（GHQ）の占領管理下で民主主義に基づく国家再建が開始され、教育内容からは軍国主義的・国家主義的要素が排除され、軍国主義者・国家主義者の教職からの追放、神道教育の排除、修身・日本歴史・地理の停止が行なわれました。

　戦後の「幼稚園教育要領」および「保育所保育指針」における造形表現の位置づけの変遷に関しては別の章に譲ることとし、ここでは戦後の造形教育に影響を与えた思想家を取り上げることにします。

〈ハーバート・リード〉Herbert Read, 1893 － 1968

　イギリスの詩人、文芸ならびに美術評論家で、美術教育に関しても造詣が深かった人物。『芸術による教育』（Education through Art, 1943）は日本でもよく読まれ、今日でも美術教育の基本理念となっている「美術教育は芸術家の養成のためになされるのではなく、芸術を通して豊かな人間性を育てることにその目的がある」という考え方を定着させました。

　リードの美術教育論はプラトンによって示された「芸術が教育の基礎とならなければならない」という命題を証明する試みでした。彼はこの証明にあたって、当時の知覚心理学やゲシュタルト心理学などからの最新の知見を援用しつつ、芸術が知覚はもとより、私たちの思考、世界観の形成、行為の決定にまで深く関わっていることを示し、それゆえ芸術が人間形成にとって重要な位置を占めることを明らかにしようとしました。

　私たちの知覚は感覚器官を通して与えられた雑多な情報をある一定の像（イメージ）へとまとめ上げます。その際私たちはバランスとシンメトリーを有する像を形成しようとし、世界の中からそのようなまとまりのある形態を取り出そうとするというゲシュタルト理論にリードは着目しました。芸術はまさに自然の中からバランス、シンメトリー、プロポーション、リズムといった要素を取り出して美しいフォルムを作り出してきたわけで、芸術こそが知覚を鍛え、明確なイメージ（知覚像）を産出することに寄与すると彼は考えたのです。芸術と思考との関係については、思考は必ずしも抽象的な言語によって営まれているわけではなく、その大部分はイメージによって行なわれるということ、従って生産的・論理的思考は芸術的創造と

密接な関係にあるということが心理学者たちによって明らかにされたことに彼は注目します。さらにリードは、私たちは知覚から得たイメージと感覚から得た感情によって世界観とその世界の中での行為を構築しているという説（コフカ Kurt Koffka,1886 － 1941. ゲシュタルト心理学の創始者）を取り上げ、知覚と感情の統合は芸術本来の仕事であるから、芸術による感覚の教育が優れた思考、世界観、行為をもたらすことにつながると主張します。こうしてリードは、美しい比例、均斉、リズムが魂を育て、美しいものに敏感な魂が人間を善行へと導くとした紀元前のプラトンの考え方を、現代の心理学的成果によって裏づけ、芸術が教育の基礎となるべきことを再び主張したのです。

リードによれば、個人主義と多様性を本質とする民主主義社会における教育の目的は、個人の独自性と社会性・協調性を同時に発達させることにあります。民主主義社会においては個人の自由が尊重されるとともに、個人の感情や利益と他者や社会のそれとの調和が必要となるからです。そこでこの両者を調節する機能が重要となるわけですが、リードによればそれは人間の知的能力や判断力であって、その基礎となるのは感覚であるとされます。感覚が外部世界と調和ある関係に置かれたときにのみ、個人と社会を統合した人格が完成されると彼は考えました。

リードは、子どもの表現を理解するためには気質の違いを理解する必要があるとして、気質と表現様式との対応関係について考察しています。その際、ユングが分類した思考型・感情型・感覚型・直観型という４つの類型を手がかりに、それぞれに対応する芸術表現の様式を示しています。それによれば、思考型には写実主義や印象主義が対応し、自然という外部世界の模倣に傾くとされます。感情型にはシュルレアリスムが対応し、外部世界に反発して内面性、精神性を探求する傾向が認められます。感覚型には表現主義が対応し、芸術家個人の感動が追求されます。直観型には構成主義やキュビスムが対応し、対象の抽象的形体が重視されます。リードは表現にはそれぞれの気質に応じた多様な様式が可能であり、従来の学校教育で重視されてきた写実的な表現様式がすべてではなく、子どもにはそれぞれの気質に応じた固有の表現が認められるべきであって、それを伸ばすことが重要であると考えました。

〈ローウェンフェルド〉Viktor Lowenfeld,1903 － 61

オーストリアのリンツ生まれ。ウィーンの美術アカデミーで教授資格を取得し、後にアメリカに渡りペンシルバニア州立大学教授の職に就きます。主著である『美術による人間形成』（Creative and Mental Growth,1947）はアメリカで出版されました。児童画の発達段階の分析を通して造形活動が人間の成長にどのような意味をもつのかを考察したこの著作は、第二次世界大戦後の日本の造形教育にも大きな影響を与えました。

ローウェンフェルドは感覚教育としての美術教育が人間形成にとって重要な位置を占める

とするリードの思想を継承し、造形活動が人間の知覚、感情、思考の発達を促し、それによって知性と感性とのバランスの取れた人間を育成することができると主張します。子どもにとって絵を描くという活動は、描く対象と情緒的関係を築くことから始まるとされます。そのためには実際に見たり触ったりしながらさまざまな感覚を働かせて描く対象を観察し、そこから受ける印象を通して対象と情緒的に関わることが大切です。対象との関係が深くなればなるほど、描きたいテーマや全体の構想は豊かになります。そして、実際に描くにあたっては、対象を構成する部分相互の形や大きさ、色彩などの関係について考え、それらを画面上に表現する方法を工夫するというように、常に知覚・感情・思考を総合的に働かせる必要があります。このように、造形活動は知性と感性をバランスよく育てるために有効に働くとともに、創作の過程で知覚したり、感じたり、考えたりしたことを相互に結びつけて作品を作り上げることが人格をひとつに統一する効果をも有するとして、人間形成において美術の果たす役割の重要性が強調されています。

　また、ローウェンフェルドは知性と感性とのバランスの取れた人間は、社会に適応し、隣人と協調的に生活できる人間であるとして、造形活動が社会性の発達にも寄与するものと考えました。共同制作が協調性を養うということはよく指摘されることですが、彼によれば、描くという行為それ自体がすでに対象への深い理解と共感なしには成立しないのです。例えば、他者を描くということは、その人物に対して感受性を働かせ、その立場に身を置くことで、他者の感情を読み取り、他者の要求に自己同一化するということを意味します。つまり、他者を描くことはその立場を理解することであり、そうした感受性の働かせ方が協調性を育てる基礎を築き、社会的成長を促すことにもなるのです。

　リードが人間の気質の違いに起因する表現様式の違いという側面から児童画の分析に着手したのに対して、ローウェンフェルドは発達段階に応じた表現様式の成長・変化という観点から児童画の分析を行ないました。彼は児童画の発達段階をなぐりがき期（2～4歳）・前図式期（4～7歳）・図式期（7～9歳）・ギャングエイジ（9～12歳）・疑似写実期（12～14歳）・決定期（14～17歳）の6段階に分け、それぞれの段階の特色を知的・情緒的・社会的・知覚的・身体的・美的・創造的成長という側面から詳しく分析しています（なお「決定期」に関しては、表現様式が完成する時期であるので作品自体の真価が問われるべきとして成長という観点は取られていません）。ローウェンフェルド以降も、多くの研究者が児童画の発達段階の区分を行なっていますが、今日一般的に用いられている区分の仕方（なぐりがき期・象徴期・前図式期・図式期）は、彼の研究に拠るところが大きいといえます。

Chapter 1
造形表現とは何でしょうか

Chapter2 なぜ造形表現をするのでしょう

1. 子どもにとっての造形表現活動とは

(1) 子どもにとっての表現

私たち人間にとって「表現」とは何でしょうか。辞書には「人間の内面にある思想、感情、感覚などを客観化し、表情・身振り・言語・音楽・絵画・造形などの外面的な形として表すこと、またその表したもの」というように表記されています。私たちは、自分の思いや感情などをいろいろな形で周りに表したり伝えたりしながら、また反対に他の人の思いや感情を受け入

図2-1：はじめてのクレヨン

れながら共に生きています。私たちが欲求や感情を表現するということは生きている証です。そして、互いに表現し理解し合えるということは喜びであり、より人間らしく生きるということに他なりません。幼児にとっても同じで、誕生の瞬間から自分を表現し始めます。はじめは、泣いたり叫んだり笑ったりなど本能的に、あるいは直感的に感情などが身体的な表れとなる「表出」といわれる表現、そして自分との対話を楽しむかのような表現、やがて何らかの欲求を満足するために自分の思いや感情を主体的に表すような表現になります。

言葉によって表現したり、リズムにのせて歌ったり、体を動かしたり踊ったり、そしてここで取り上げる絵を描いたり身近にあるものを使って何かを作ったりする表現活動は、毎日の生活の中心である遊びの中で芽生え、大きくふくらんでいきます。また、遊びを通して人間として必要な知・情・意の調和的発達が自然に無理なく行われます。フレーベルは、遊びは子どもにとって人間としての発達の最高の表現であるとし、人間の生活の典型であり模倣であると主張しています。

図2-2：大きな声で歌う

したがって、幼稚園や保育所等では遊びを通して、その遊びの中から豊かな人間性を引き出し育んでいくような日々の活動がとても重要になり、その指導法の研究が大切になります。

（2）遊びと造形表現

心身の発達の最も著しい幼児期に、遊びを通して展開される様々な表現活動は、その後の人間形成に大きく影響します。

図2-3：砂場で水遊び

意味のないなぐり描き、置いてある新聞をくしゃくしゃにする。びりびりと破く。一本の棒きれがあれば地面に何かを描いたり、振り回して音を出す。石ころを並べたり積んだり投げたりする。水たまりを見つけると濡れても汚れてもお構いなしに足を入る。積み木遊び‥‥‥。あふれる探求心と押さえることの出来ない行動力。誰が教えるわけでもないのに誰もが経験するこのような自発的で自由な行為や遊びは一見、造形活動とは無縁のように思われますが、これらが造形表現の出発点となります。やがて心身の発達とともに自分の思っていることや知っていることを、絵に描いたりいろいろな素材に親しみ、工夫して作ったりする造形的な表現活動に発展していきます。大人が考えるような芸術作品として、描いたり作ったりする造形表現とは多少異なりますが、子どもたちは人間らしさの表出としての造形活動を楽しみ、美的感覚を養いながら成長していきます。

（3）自分を表現する

子どもの造形表現活動は、誰かに強制されたり命令されたりして行う活動ではなく、自発的に自由に行わなければなりません。子ども自身の持っている力、全神経を集中して描き上げた絵や作ったものは、単に欲求の満足や感情の表ればかり

図2-4：お店やさんごっこ

ではなく、人間としての心の表現といえます。それは自分の存在を確認するという人間が本来持っている根元的な精神であり、そのための活動であるともいえます。子どもの造形表現で最も大切なことは「どのように」表現したかであり、「何を」表現したかではありません。

図2-5：紙袋でお面をつくる

言い換えれば、結果より過程に意味があるということです。どんなに上手に描かれ作られようとも、それが誠実な表現でないとするならば真の自己表現とはいえません。

造形表現活動において自己を表現するということは、創造性にも関わる最も本質的なことですが、その積み重ねは表現活動のみでなく、他の活動においても自ら考え行動し主体的に生きていく原動力となることでしょう。

(4) コミュニケーションとして

子どもたちは多くの場合、初めから人に見せることや伝えることを目的に絵を描いたり何かを作るのではありません。描きたいから描き、作りたいから作るのです。しかし、「出来たよ」とおとなの所に見せにきたり、そっと覗くとはにかみながらも誇らしげに見せてくれます。尋ねるとうれしそうにいろいろなことを話してくれます。それは、自分の思い

図2-6：みんなで仲良く描く

と共に描いたり作ったりした喜びや心の高まりを、身近な人に伝えたい、見せたい、共感して欲しいという気持ちの表れです。言葉や文字で表すことができなくても、絵を描いたり何かを作ることによって心と心を通い合わせることが出来るのです。見せたい人や伝えたい人が周囲にいるということは非常に大切なことであり、それを受け止め励まし共感することは、人間形成においてはもちろんのこと、その後の造形表現活動に自信を持ってのびのびと取り組む大きな力となります。

表現活動では、こうした周りとのコミュニケーションはもとより、自分とのコミュニケーション、つまり自分との対話があることも忘れてはなりません。何やらつぶやきながら一心に描いたり作ったりしている姿をよく見かけますが、そこには前述したように子ども自身が自分の存在を確認しようとする根元的な営みがあるのです。

2. 子どもにとっての造形表現の意義と目的

(1) 人間形成の基礎として

人間は、環境に適応し周囲とコミュニケーションを取ることによって始めて人間らしく生きていくことができます。人間らしく生きていくための基礎は、生まれてから子どもを取り巻く環境の中で乳幼児期である4～5年という短い期間に培われます。「三つ子の魂百まで」という諺は、人間形成の基礎は幼年期にあることを意味したもので、ロバート・フルガムの『人生に必要な智恵はすべて幼稚園の

図2-7：大根の野菜版

砂場の中で学んだ』（池央耿訳　河出書房新社（1990））という著書の中でも、そのことが端的に言い表されています。

人間形成の基礎として、あるいは一環として造形表現活動が重要な関わりを持っています。造形表現というのは、見たことや感じたもの考えたことなどを、絵にあらわしたり作ったり

図2-8：ひもをぐるぐる巻いて

することをいいますが、そのためには、人や自然やものを見る目や聴く耳、そしてそれらを受け止める心、材料やものを工夫し創造的に表現する頭脳や手、全てが総合的に関わることによって実現されます。言いかえれば、造形活動は、知・情・意というまさに人間そのものの本質に関わるところに位置しているといえます。

造形表現活動は、造形に関しての知識や技術や能力などの専門性を高めるのではなく、造形表現活動を通して全人的な発達を促し豊かな人間形成にあるとするこのような思潮は、ハーバート・リードの『芸術による教育』やローウェンフェルドの『美術による人間形成』などを背景に、戦後の美術教育の中で形成されてきました。(Chapter1-3-(4)ハーバート・リード、ローウェンフェルドの項参照)

造形表現の目標は保育所や幼稚園、小学校や中学校さらに高等学校とそれぞれの発達段階や教育の場に応じて、ねらいや内容が発展拡大していきますが、最終的に人格と教養を併せ持つ豊かな人間形成を目的することに変わりなく、その芽生えの時期である幼児期においての造形表現活動は非常に重要な意味を持っています。

図2-9：階段の壁に

（2）創造性を育む

創造性とは、今までにない新しいものを創り出すことをいい、現在のような社会や文化を創り上げたのも、様々な困難を乗り越えて主体的に生きていくことができるのも、創造性によるものと言っても過言ではありません。

図2-10：雑木林の中で

このような創造性は、人間だけが持っている本能であり特性です。遊びを通して展開される様々な活動から芽生えた創造性は、絵を描いたり、いろいろな素材に親しみ作ったりする造形表現活動により、さらに大きく豊かに発展していきます。また、頭の中で描く想像と目の前の手作業とを繰り返しながらの造形表現活動は、創造本能を満足させ創造の喜びを与えてくれます。

一人一人の良さを生かし、思いのままに描いたり作ったりすることが出来る環境づくりと、子どもの表現を受け止め励まし共感するおとなの姿勢が、子どもたちの豊かな創造性を育みます。無計画な自由や放任の中からは豊かな創造性は生まれてきません。造形活動の前

には、意欲や興味を引き出す為の十分な動機付けが必要であり、また、日頃から遊びや造形活動を通して様々なものとの関わりや体験の積み重ねが、創造性を伸ばす力となります。

保育者が子どもの造形活動に関わる時、子どもの心の状態を推察し、どのような気持ちで絵を描いたり作ったりしているのかを知る必要があります。そして、上から下へという指導ではなく、子どもと一緒に作業を楽しもうという気持ちが、本当の指導のあり方であり支援といえるでしょう。保育者自身が子どもにとって最大の「生きた環境」であるということを忘れてはなりません。

（3）感性と情操豊かな人間性

物や情報にあふれ、めまぐるしく変化する社会の中で感性や情操など心に関わることは、私たち人間にとって最も大切なもののひとつです。

感性とは、外界からの刺激を直感的に印象として心が受け止める能力のことをいいます。感性が豊かであれば見るもの・聞くもの・触るもの・味わうもの・匂うもの等といった感覚は器官を通して身体に入り、その存在に気づき、美しい・醜い・快い・不快などという感情が生まれます。そして、それに対応した

図2-11：木の根元で

行動を起こすことができます。ところが反対に感性が乏しければ、身の回りに起こるいろいろな刺激に対して何も気づくこともなく鈍感であるため、全てはただ通り過ぎるだけであり何の感動も、何の問題意識も持たなくなってしまうということになります。

さらに、情操とはどんなものでしょう。情操とは、単なる喜怒哀楽などという一時的な感情ではなく、複雑で高次な価値を持った深く静かで安定した感情であり人格の基底をなす

図2-12：誰かいますか？

ものです。人間として、より美しいもの、より真なるもの、より聖なるものを求めるのは情操の働きによるものです。造形表現活動では、美的な情操を養い育てることが中心となりますが、学問的・道徳的・宗教的等の情操とも深く結びついています。

造形的な表現活動は、自然やもの、人との豊富な関わりの中から美しさやすばらしさに気づくと共に、ものの見方や考え方を探り深め広げる心の活動でもあります。そして、その過程の中で感性や情操が育まれ磨かれ、やがて豊かな人間として成長していきます。

図2-13：これなんだろう？

(4) 表現の喜びと楽しさ

　自然やものや人と関わりながら、自分の目や心や手や智恵を働かせ、絵を描いたり何かを作ったりしている子どもたちの姿は、喜びや楽しさに溢れ生き生きとしています。

　子どもの造形表現活動が、人間形成の基礎あるいは一環として、また創造性や豊かな感性や情操の育成に大きく関わっていることはすでに述べたとおりですが、その造形表現活動には喜びや楽しみが不可欠なのです。保育者はそのことをよく理解し、結果にとらわれず一人ひとりの思いを受け止め認めながら喜びや楽しさを実感できるように配慮しなければなりません。

図2-14：ほらできたよ

　また、個人的な活動だけではなく友達と一緒に喜びや楽しさを共有できるような活動も、人と人とのコミュニケーションが希薄になっている現代社会においては、おおいに取り入れていきたいものです。

　表現する喜びや楽しさは、活動をさらに活発にして新たな喜びと楽しさをもたらします。

(5)「もの」との関わり

　子どもたちは、毎日の生活や遊びの中でいつも「もの」に触れ「もの」に関わり働きかけ、今まで知らなかったことや美しさやすばらしさに気づきながら成長していきます。

　幼い子どもにとって「もの」との関わりは、視覚や聴覚、触覚など五感を通して行われますが、その多くは手で触れることによっての関わりを意味します。おとなは、自分なりの経験を通して見るだけで重さや堅さ肌触りなど判断することができますが、未発達な子どもは、触ることによって始めて「もの」の性質や重さ、大きさ等を感じ、いつしかそれが何であるか認識することができるようになるのです。粘土遊びを例にあげると、土を指でつついたり、つぶしたりまるめたりなどしながら、どんな性質を持っているか面白そうなものだとか確かめることから始まり、やがてくっつけたりひねり出したりして興味や関心、考えを造形的な表現活動に発展していきます。

　身の回りに存在する「もの」に対して、これは一体何だろうと興味を持ち確かめようとする行為は、そのものの特性を知ると共に感性を豊かにし創造本能を刺激し、造形表現活動への出発点となりやがて考える力や創造する力となります。幼い時期に急速に発達成長する脳や手の働きを考えたとき、子どもたちにはおおいに「もの」との関わり、対話を楽しませてほしいものです。

3. 子どもの心身の発達と造形表現
―幼児が描くということ―

　子どもたちはなぜ描くのでしょう。「紙の上にしるしをつけるのが楽しい、きれい・おもしろい満足できる形を描いて楽しむ、興味のあるモティーフ（対象物・題材）を人が見てわかるようにして、達成感を味わう」などなど・・・さまざまな理由で子どもは自発的に描画すると考えられます。

　このように「絵を描くこと」は、子どもたちの生活のなかでたえず生成する営みです。この描画活動は子どもの心身の発達と深く関わっています。描いた結果だけで子どもの絵を見るのでなく、描いているプロセスもできるだけ見てあげてください。

　発達の早い遅いには個人差がありますが、描画・表現の発達の順序や様子はほぼ同じ道すじをたどります。子どもは最終的に描画の形を決めるまで、自分の絵を構成していきますが、その過程の中でさまざまな知的な認識力や創造的な想像力を身につけていきます。そうした一人ひとりの子どもの発達を見守り励ますのは、子どもの身近にいる保育者なのです。

(1) 子どもの描画の発達過程

　子どもの描画の発達段階についての区分は、多くの研究者が行っていますが、それらは主にローウェンフェルドの研究（P．16参照）やローダ・ケロッグの研究を基にしています。その後調査された研究データから多少修正が加えられてきていますが、ここではおおまかな発達段階の区分を示してみましょう。

1) なぐり描きの時期（スクリブル期）1歳半〜2歳半ころ ―造形活動の始まり
　（造形活動の発達段階＝探索期 1〜2歳ころ）

　幼児が生まれて初めて紙などの上に描く行為は、たまたま手に握ったクレヨンや鉛筆などが、自分の手の運動によって「あ、紙に跡がついた！」という発見から始まります。

　その経験が楽しい、おもしろい、と気づいた子どもたちは夢中になって手を動かし、描き続けます。ハイハイからつかまり立ちができるようになった頃、モノをつかんで自由に動かすことができるようになった両手で、鉛筆やクレヨンを握り、放っておくと壁にでも家具にでも盛んに描こうとします。

　この運動的な線の表現は＜なぐり描き＞（スクリブル）と呼ばれ、およそ1歳半ごろから始まります。

　おとなたちにとっては、一見無意味な行動のように見えますが、なぐり描きは幼児たちの生命のリズムの表れです。幼児はそのリズムに促されて、本能的に生き生きと行っていると

いうことを理解しましょう。子どもたちはなぐり描きの反復運動を繰り返すことによって、紙と描くモノ（クレヨンや棒など）との「対話」を楽しんでいるように見えます。このように、素材と関わるということは、すでに「造形活動」の最初の段階に入っているといえます。なぐり描きは多様に変化しながら、おおむね2歳半ころまで続けられます。

その後4歳ころまでは、時おりなぐり描きをする姿が見られます。

①紙面に打ちつけるような点や乱線を描く。

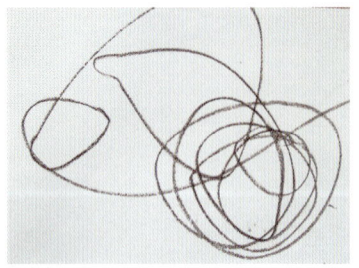
図2-15　　　1歳10ヶ月

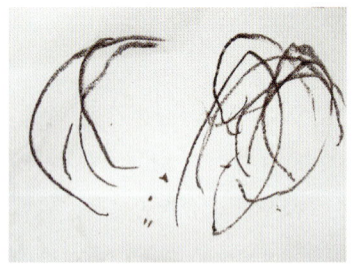
図2-16　　　1歳11ヶ月

図2-17　　　2歳3ヶ月

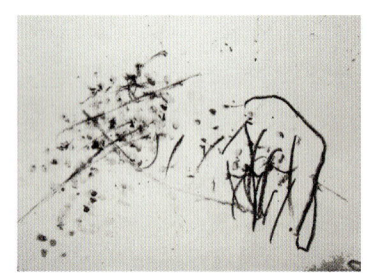
図2-18　　　2歳4ヶ月

図2-19：力強いスクリブルが描けるようになった。
2歳11ヶ月

②コントロールされた一定方向の描線が描けるようになる。

円運動やらせん運動の描線への変化も見られる。

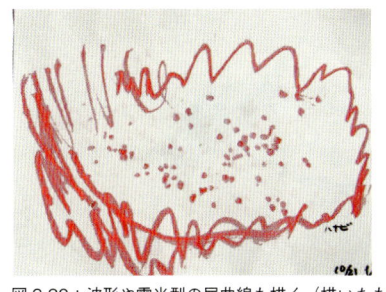 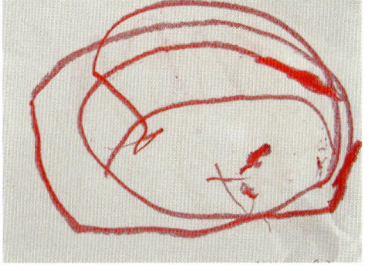

図2-20：波形や電光型の屈曲線も描く（描いたものに本人が「花火」と名づけた）3歳2ヶ月　　図2-21　　3歳2ヶ月

2）象徴期 2歳半～4歳ころ
（造形活動の発達段階＝もて遊び期 2～3歳ころ）

3歳前後になると、幼児の絵の中に「何かの形らしいもの」が表れてきます。そのままでは何が描かれているのかよくわからないのですが、子どものことばを聞くと「なるほど」と理解できるような気がします。

このころの幼児の表現は暗示的、象徴的であるため、「象徴期」と呼ばれます。この段階の表現は、紙やクレヨンを利用して、何かを描きたいという意志をもって一生懸命行うのですから、子どもが創造的表現活動へと歩み始めた証といえるでしょう。

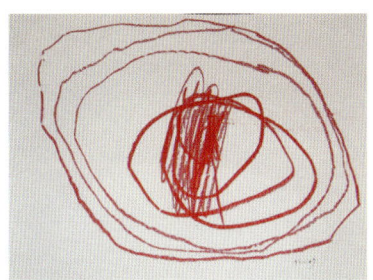

図2-22：紙の中心にだけ描いたり、一部分に描いたりするようになる。（視覚のコントロールが始まった証拠である。）
3歳10ヶ月

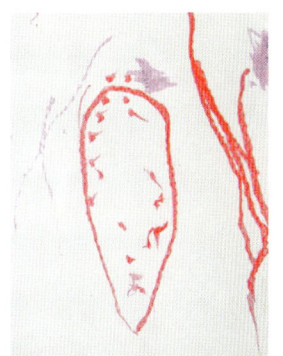

図2-23：この絵は描いてから「いちご」と名づけられた。「命名期」とも呼ばれ、描いたものの形に、後から名前をつける時期。　2歳2ヶ月

図2-24：友だちに「なぁに？」と聞かれて、「おにぎり」と答えた。
2歳4ヶ月

3）前図式期 4歳〜5歳ころ
（造形活動の発達段階＝工作前期 3〜4歳ころ／工作期 4〜7歳ころ）

　子どもたちの中で描画の技術や認識が育っていくにつれ、だんだんとそれぞれの幼児独自の特徴を持った表現が現れてきます。たいていは、子どもが描こうとするものが、自分なりに単純化した、定まった形で描かれます。これを「図式」（シェーマ）と呼びます。この傾向は7歳ころまで続くことが多いようです。

　この時期には、描こうとするものを意図的に表現しようとし始めますが、おとなが見ても理解できるものが描けるようになってきます。初めて自分が描いたものやことを人に「伝える」ことができるようになるわけです。

　このころにはまだ描いているものとは無関係に色をぬり、紙面全体の広さをとらえて構成しようとする意図ももっていません。ですから、いろいろなものを描いてもまるでカタログのようなバラバラに並べたものになりがちです。

　またこの時期目や手のない頭だけしか描かれていない人間、動物や太陽、虫、乗り物、家、草花などを好んで描きますが、どれも単純な基本図形から生まれた形です。

　こうしたさまざまなものを描く中で、自分なりのくふうや、見てわかるように描く力がついてきます。ちょうどこの時期に、描画を表現する「ことば」を身につき、自分で獲得した形を組み合わせていく姿が見られるのです。

①マルに十字を組み合わせた安定感のある形（マンダラと呼ぶ）を好んで描く。

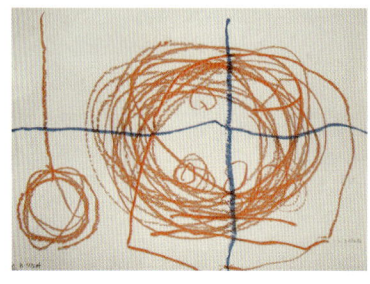

図2-25：3歳

図2-26：「太陽」のように見えるが、本人は太陽を描いたわけではない。　3歳

図2-27：円の中の部分が消え、顔の形が出現する「頭足人」と呼ばれる。　3歳

このようにまるで積み木遊びのように形を組み合わせて、獲得した形を次々に応用していく様子は多くの国の子どもたちに共通してみられる現象です。

視覚が発達してくると、子どもはそのものの形を見ることができるようになり、それと似たように形を描く努力をしていきます。

図2-28：ママが買い物して荷物もってる　3歳

② 「形象化」最初からイメージをもって明確な形を描くようになる。
　　余分なものが少なく明快である。

図2-29：「アンパンマンを描く」と言って描いた。
3歳5ヶ月

図2-30：「ロボット」と言いながら描く。
4歳3ヶ月

　この時期、子どもに「これは何を描いたの？」などとしつこく聞くのは控えるべきですが、子どもの方から「先生、見て！」と持ってきた時には、その絵について対話してください。子どもは先生が共感をもって自分の絵を理解しようとしていることを感じるでしょう。

　また、周りのおとなには理解しにくい現実と空想が入り混じり、合理的ではない表現や意味づけのことばがたくさん出てきますが、それを無視したりしないで、子どもの感覚や情緒の発達を見守るようにしましょう。

　こうした「形象化」は、子どもが成長する過程で、自分で獲得するものです。だいたい年中児の半ばころには、ほとんどの子が形を表す絵を描くようになります。

4） 図式期　5歳〜8歳ごろ

　前図式期で現れた図式（シェーマ）は、幼児の体験や感動をきっかけとして、新しい図式へと発展的に変化していきます。心身の発達に伴って子どもたちは、さまざまな色で塗る楽しさを知り、ものと色の関係を合理的に理解するようになり、描画活動は内容的にも複雑で総合的なものになっていきます。こうした絵にはその子独特の表現意欲や内容がよく表されており、子どもたちの内面の飛躍的な発達も伺い知ることができます。

　表現されている楽しい内容は、子ども自身の生活経験が多いので、私たち保育者は、幼

図2-31：5歳前後になると、紙の下に「基礎線」を引き、その上に家や木、人などを描き、上の方は雲や太陽を描いて、空と設定して下方に絵を描くようになる。　5歳

児が見たり行うこと、知っているもの、聞いたこと、つまり彼らがすべての感覚を駆使して体験することをできるかぎり大切にすべきでしょう。

　子どもが知識を獲得するうえで、環境との相互作用が重要と考えられるので、さまざまな感覚を通した活動の機会を十分に提供することが必要です。

（2）表現の類型

　発達段階の前図式期、図式期に相当する幼児たちの描く絵には、いくつかの類型的な表現がみられます。幼児画の特徴を示す構図例を示してみましょう。

1）展開表現

　食卓を囲んで食事をしている情景を幼児が描くと、たいていの場合食卓を中心に人物が倒れたように描きます。幼児は自分がその場に座ったつもりで、画用紙を回しながら描いたりするので、そのような展開図のような構図になります。幼児独特の合理性が感じられる表現です。

図2-32：展開表現例　5歳

2）カタログ表現

　ひとつひとつていねいに、まるで商品のカタログのデザインのようにきれいに描く類型です。的確な線でまとまり、きれいに彩色されていることが多くみられます。

図2-33：カタログ表現例　5歳

3）擬人化表現

幼児は太陽や雲に顔を描く。まるですべてのものに生命が宿っているようです。これはアニミズム(Animism)とも呼ばれる表現で、幼児が親しみをもつ人間以外の対象を擬人化して表現しようとするのです。

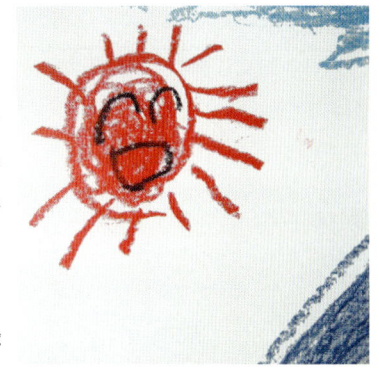

図2-34：おひさま　4歳

4）誇張表現

表現したいものを中心にした構図です。興味のあるものをまず大きく描いて、後はそれに合わせて大きさの比較やバランスをとっていくので、アンバランスになることが多い。子どもなりの構成力の働いている構図です。

図2-35：茶色の服を着た「自分」を大きく描いている。　5歳

図2-36：一生懸命ゴールに向かって走る自分を大きくダイナミックに表現している。　7歳

図2-37：見上げたひまわりの大きさに驚いている様子が良くあらわされている。　7歳

5) レントゲン表現

　ものの内部にあって目に見えないものでも、幼児は平気ではっきりと見えるように描くことがあります。家やバス中の人物やポケットに入っているものなどを透視的に描くが、実際に見えるか見えないかということより、それがあるかないかという存在そのものに強い関心があることを示している描き方です。

図2-38：「パパが運転しているところ」 4歳

図2-39：家の中が見えるように描かれている。5歳

6) 初期写実の時期 9〜11歳ごろ

　子どもどうし仲間意識の芽生える時期。ようやく図式的な表現を脱し、見ているものをできるだけ実物のように描こうとし始めます。その後14歳ごろまで、客観的・写実的な描画表現を追求していく。そして自己の内面化が進んで、知的な能力がおとなと同じになる18歳ごろまでに、造形的発達は完成期を迎えます。

図2-40：花や花瓶をよくみつめて、形と色を自分なりに美しく表現しようとしている。9歳

図2-41：友だちがピアニカを演奏する様子をよく観察して、写実的に描こうと努力している。9歳

4. 保育内容としての造形
　—幼稚園教育要領・保育所保育指針について—

　ここでは、幼児教育に対する造形教育の理念は、国が定める『幼稚園教育要領』及び『保育所保育指針』では、どのように提示されているかを見ていきます。私たちは保育に携わる者として、『幼稚園教育要領』や『保育所保育指針』をどのように捉えていったら良いでしょうか。

　まず、幼稚園は文部科学省の所轄にあり、学校教育法により「学校」という体系の中に位置づけられています。一方、保育所は、厚生労働省の所轄になり、児童福祉法に定められた「児童福祉施設」の中に位置づけられます。幼稚園と保育所では、それぞれの立場が異なり、その機能や特質も違いますが、保育における基本的な考え方は共通しています。

　また、『幼稚園教育要領』及び『保育所保育指針』では、本書で取り上げている「造形」についての最も関連が深い内容は、「表現」と言う言葉で明記されています。

　『幼稚園指導要領』では、幼児の発達を考慮し、5つの領域[1]がまとめられ、「表現」はその中のひとつにあたります。『保育所保育指針』でも、3歳児以上を対象とした「ねらい及び内容」において、やはり5領域のひとつとしてまとめられています。5領域のひとつではありますが、各領域が分断的に指導・支援されるのではなく、領域間で相互に関連を持たせながら総合的に展開されることが望まれています。

(1) 教育要領と保育指針の相違点と類似点

　まず、教育要領と保育指針にはどのような違いがあるのでしょうか。

　第一に両者は、制度上の位置づけが異なっています。簡単な言い方をすれば、教育要領は、国が定める「教育課程の基準」であり、法令に準ずるものです。一方、保育指針はと言うと、こちらは厚生労働省からの「通知文書」[2]にあたり、法令的な性格は持ち合わせていません。

　教育要領は、法令によって「教育課程の基準」であると規定され、法令に準ずる扱いとなりますので、実践に直接つながっていくような記述は避けられ、抽象的な内容にならざるを得ないという点があります。このような不足部分を補うために『幼稚園教育要領　解説』が作成され、より広範囲にわたり、多くの保育実践者に親近感をもって受け入れられるようになっています。

　それに対して、保育指針は、通知文書なので、保育計画や保育内容以外の保育の方法的側面について踏み込んだ記述が可能であり、子育て支援や職員の研修、虐待や疾病異常などへの対応法などについての詳細な記述がなされています。

　このような点を見ていくと、教育要領の特徴、保育指針の特徴は異なっているので幼稚

園教諭も保育士も両方に目を通して、よく理解しておくことが必要と言えるでしょう[3]。

次に、両者の共通点を領域「表現」を中心にみていきましょう。

子どもたちが、主体的、能動的に活動に取り組み、豊かな生活を送ることができるよう、環境やひとりひとりの発達の過程などに応じて、子どもたちを支援し、生活に必要な経験をともに体験していくことが必要とされています。

具体的に表現の目標は、以下のように示されています。

幼稚園教育要領：多様な体験を通じて豊かな感性を育て、創造性を豊かにするようにすること。

保育所保育指針：様々な体験を通して、豊かな感性を育て、創造性の芽生えを培うこと。

領域「表現」においては、幼児の豊かな感性を育て、自分の思いを表現しようとする意欲や創造性を豊かにするという観点があります。表現するという行為そのものを総合的に捉え、幼児期の子どもの生活や環境、発達などをふまえながら総合的に指導をしていくという方向が示されています。

表現するという行為は、作品の中に世界を作ることです。表現する行為、作品を作るという行為は、自分によって捉えられた世界の解釈を提示する方法のひとつです。人から与えられたものではなく、自らの感受性に従って、外界と応答しながらある世界を構築していくため、当然個性的になっていきます。そこで必要なものは、自由で主体的な働きかけだと言えるでしょう。

「十人十色」という言葉があるように、子どもたちの表現もまた、十人いれば十通りの表現方法があります。また表現方法についても同様のことが言えます。言葉による表現、音楽による表現、造形による表現、身体による表現などの枠組みにとらわれず、総合的、複合的な表現を認め、その子どもなりの表現を、表現活動の結果や完成度に固執することなく、その過程や表現することの楽しみを大切にしていきたいものです。

教育要領や保育要領では、このような表現するということの基礎的な面を豊かに育んでいくことを目標にしています。

(2) 歴史的背景

次に、教育要領及び保育要領の歴史的背景について、「表現」の領域を中心に触れておきます。

「表現」という領域は、1989（平成元）年に告示された『幼稚園教育要領』において位置づけられました。『保育所保育指針』でも1990（平成2）年から登場してきます。

①「幼稚園教育要領」について

　第二次世界大戦後、1948（昭和23）年、「保育要領」[4]が文部省より刊行されました。保育内容は、12項目[5]があげられていました。この内容の中で「表現」と特に関係するものは、「リズム、音楽、製作、ごっこ遊び・劇遊び・人形芝居」などです。

　1956（昭和31）年、『保育要領』の12項目[5]についての批判があったことから、新しく『幼稚園教育要領』が作成され、小学校教育との連携を重視し、内容が6領域[6]に整理されました。この新しい保育内容において「表現」と特に関係の深いものは、「音楽リズム、絵画製作」です。また、「言語」に含まれる紙芝居、人形芝居、劇遊びなどの活動もあげられるでしょう。

　しかし、これらは整理されたものの、小学校の教科と同じように取り扱われるということがあったため、1964（昭和39）年に改訂されました。内容の領域は、同じく6領域でしたが、それに対する「ねらい」が各領域に示されるようになりました。

　1989（平成元）年、25年ぶりの改訂により、現在の5領域が誕生しました。この改訂では、各領域は子どもの成長の側面とし、従来の活動群としての分け方と異なった定義をしています。そして、子ども自身の自発性や、表現する楽しさやよろこびなどが強調されています。また、この改定時に、「絵画製作」と「音楽リズム」の内容が統合され、「表現」として総合的に子どもの成長を見ていくきっかけとなりました。

　1998（平成10）年の改訂では、この5領域は維持され、領域の扱いについて、領域間の相互関連と総合的な指導という内容が重視されるようになりました。

②「保育所保育指針」について

　これまで、教育要領を主に触れてきましたが、保育指針についても同じような考え方が受け継がれています。

　1963（昭和38）年、文部省と厚生省から連名の「幼稚園と保育所の関係について」という通達が示されました。その内容は、幼稚園と保育所の違いを認証したうえで、保育所での幼稚園該当年齢の幼児に対する保育内容は、教育要領に準ずることを示すものでした。

　これにより、保育指針は1965（昭和40）年に作成されましたが、3歳児の保育内容の「表現」に関するような領域はなく、4歳児以上について、教育要領の「音楽リズム」「絵画製作」に準じる形で、「音楽」「造形」が設定されました。

　1989（平成元）年に改訂された教育要領に準じて、1990（平成2）年に新しい保育指針が示され、3歳児以上の保育内容については教育要領に則したものとなりました。

　さらに1999（平成11年）に改訂されたものは、「地域、家庭、教育」をキーワードとし、地域の子育て家庭に対する相談・助言等の支援機能を新たに位置づけ、また保育士の保

育姿勢に関する事項も新設されました。

　以上、幼稚園教育要領と保育所保育指針の内容と考え方について簡単に触れてきましたが、10年改訂であるため、今後の時代に即した改訂によって、新たな指針が示されていくことも念頭にいれておきたいものです。

---

[1] 5領域：健康、人間関係、環境、言葉、表現

[2] 通知文書：国が各都道府県や指定都市に対して、保育指針に沿って、管轄化の地方公共団体や保育所を指導するよう要請したもの。

[3] 森上史朗『新しい教育要領・保育指針のすべて』フレーベル館、2000年。

[4] 保育要領：幼稚園、保育所、家庭における幼児教育の手引書として刊行されていた。
日本の近代化において導入された幼児教育に関する指針の名称は、従来「保育要領」とされ、「幼稚園教育要領」や「保育所保育指針」といった名称は戦後に誕生したものである。

[5] 12項目：見学、リズム、休息、自由遊び、音楽、お話、絵画、製作、自然観察ごっこ遊び・劇遊び・人形芝居、健康保育、年中行事

[6] 6領域：健康、社会、自然、言語、音楽リズム、絵画製作

Chapter3 保育者のための造形の基礎

　私たちは誰でも、見たこと、聞いたこと、想像したことなどから興味のあるものや感動したことを、自由に描いたり作ったりして表現できたらいいなと思っています。特に保育者として子どもたちの造形表現に関わる私たちは強くそう思っています。しかし、描くことや作ることが得意な人ばかりではなく、思うように表現できないとか苦手と感じている人も案外多いのも事実です。

図3-1：アルブレット・デューラー「聖ペテロと頭部の構成習作」 1519年（デッサン）

　子どもの造形表現活動の指導に際して、一人ひとりの発達や心理状況などを理解しておくことは当然のことですが、自信を持ってわかりやすく指導するためには、造形に関しての基本的な知識や技能を理解し身につけておくことがとても大切なことになります。

　それは専門家のような特別な才能や技術ではなく、絵画や彫塑、デザインや工作などを自ら体験し、感性を磨き、表現力や技術・知識を高めようとする姿勢や努力なのです。このことが、子どもたちの造形表現活動を理解し共感し支援するために、必要な第一歩です。

1. 絵について

(1) 基本的な形と明暗

　私たちが、風景や人物や動物、静物などを描こうとしても、なかなか思うように描き表すことができません。しかし、私たちの身の回りにあるものは、どんなものでも単純化していくと、最終的に立(直)方体・円柱・円錐・球という"かたまり"になります。

　19世紀の後期印象派の画家で近代絵画の父といわれるセザンヌ(フランス 1839-1906)は、「自然は、円筒形・円錐形・球形としてとらえられる」と述べています。そこに人工的な形の象徴である立(直)方体を加えれば、私たちの回りにあるもののほとんどはそれらの基本的な形で表すことが出来ると考えられます。

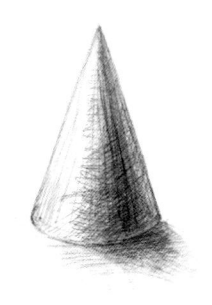

図3-2

図3-3

図3-4

37

ですから、複雑な形でもそのような単純化した形に置き換えながら(意識しながら)描く練習をするといいでしょう。その場合、見る位置や角度によって同じものでも違った形に見えることや、同じ長さや大きさのものでも近くは長く大きく、反対に遠くは短く小さく見えるわけですからその形や遠近感を表す方法も知っておく必要があります。さらに光の方向や強弱によって生じる明暗や陰影によって、より立体的に表現することができます。(図3-1、図3-2、図3-3、図3-4、図3-5、図3-6)

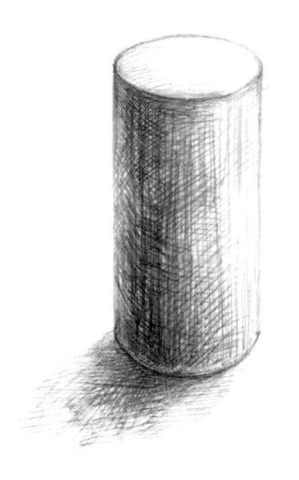

図3-5

複雑でいろいろな要素の絡み合ったものの形を、簡単にとらえることは出来ませんが、なぜそのように見えるのか、よく観察して描く努力や経験を重ねることによって表現する力がつき、描くことが楽しくなるでしょう。

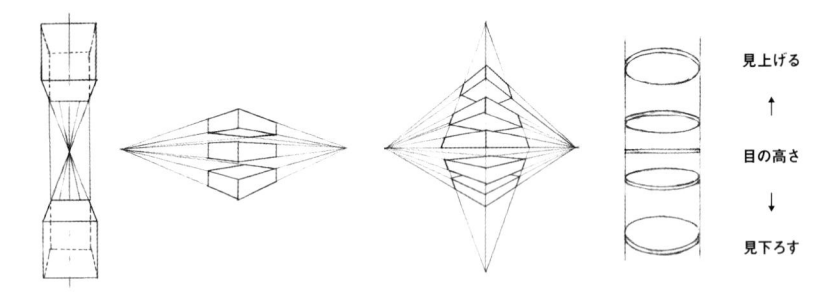

目の高さと立(直)方体や円板の見え方　　　　図3-6

(2) 人物と動物

　子どもたちは、お母さんやお父さんをはじめとする家族や自分のこと、先生や友達など大好きな人たち、また、身近にいる犬や猫、お話に出てきたり動物園や映像で見たりする動物をよく描きます。

　人物や動物の見方や描き方について、基本的なことを理解しておくことは保育者として大切なことです。人物や動物のつくりやしくみを知ることが描くための手がかりとなるので、実際に見たり調べて描いてみましょう。

　人物を描くとき、頭・首・胴(胸、腰)・腕と手・脚と足等を、単純な球や円柱の変形と置き換えて考えると描きやすくなります。それぞれが関節等でつながり、どのように動くかを意識することによって、動きのある人物が表現できます。少々形や比率が違っていても、理にかなった動きを付けると生き生きとした絵になります。(図3-7、図3-8)

図3-7

Chapter 3
保育者のための造形の基礎

図3-8

　成長するにつれて頭身の割合が違ってきます。幼時の頃は4頭身ぐらいだったのが、おとなになると7頭身前後となります。各部の割合も成長や男女の違いにより変化します。（図 3-9）

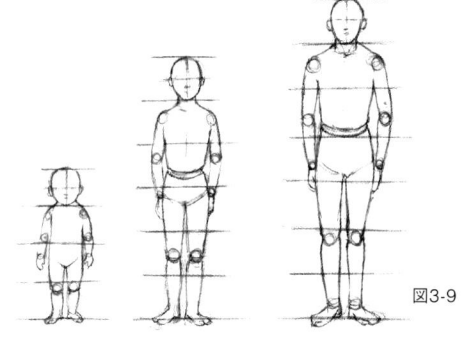

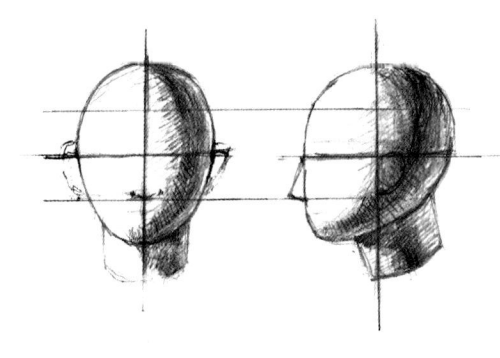

図3-9

　頭部は卵のような球です。目と耳を結ぶ線、頭頂から鼻を通りあごを結ぶ線(正中線)は図のようになります。球である頭部の傾きとそれらを結ぶ線の関係を理解すれば頭部は描きやすくなります。（図 3-10）

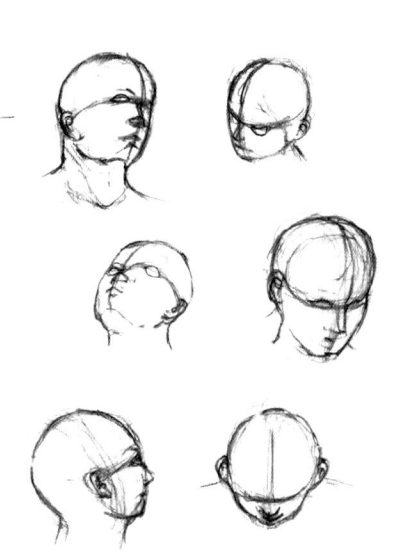

図3-10

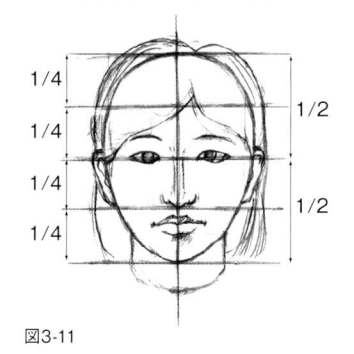

　成人の場合、顔の各部の位置はおよそ図のような割合になっています。目の位置は、およそ頭部の半分ぐらいの位置にあります。（図 3-11）

図3-11

Chapter 3
保育者のための造形の基礎

親指は他の4本の指と方向が違います。だから、物をつかむことができます。(図3-13)

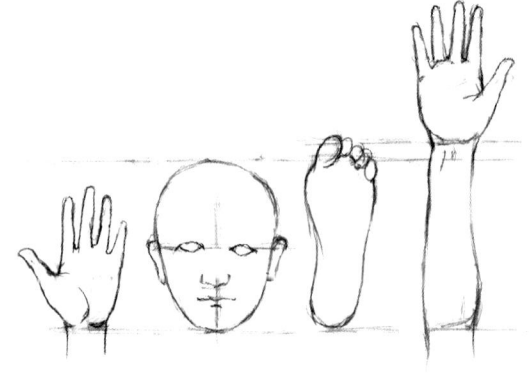

図3-12

顔の大きさに対して、手や足を小さく描きがちですが、手を広げると顔ぐらいあります。手には表情もありますので誇張するぐらい大きく描くようにしましょう。体を支える足も大きいです。(図3-12)

図3-13

人間が描けると、人間も動物の仲間なので、さまざまな動物を描くための手がかりとなります。四つ足の動物を見てみると、頭、首、胴体、腕(前足)、後足等があり、基本的な仕組みは人間とそれほど変わりません。しかし、長い間にそれぞれの環境や生活に適した姿に発達・進化しています。子どもたちに描き方を教える必要はありませんが、胴体が大きいとか首が長いとか走るのが速い、何を食べているかなど、その動物についていろいろな話をしながら一緒に描いてみましょう。(図3-14)

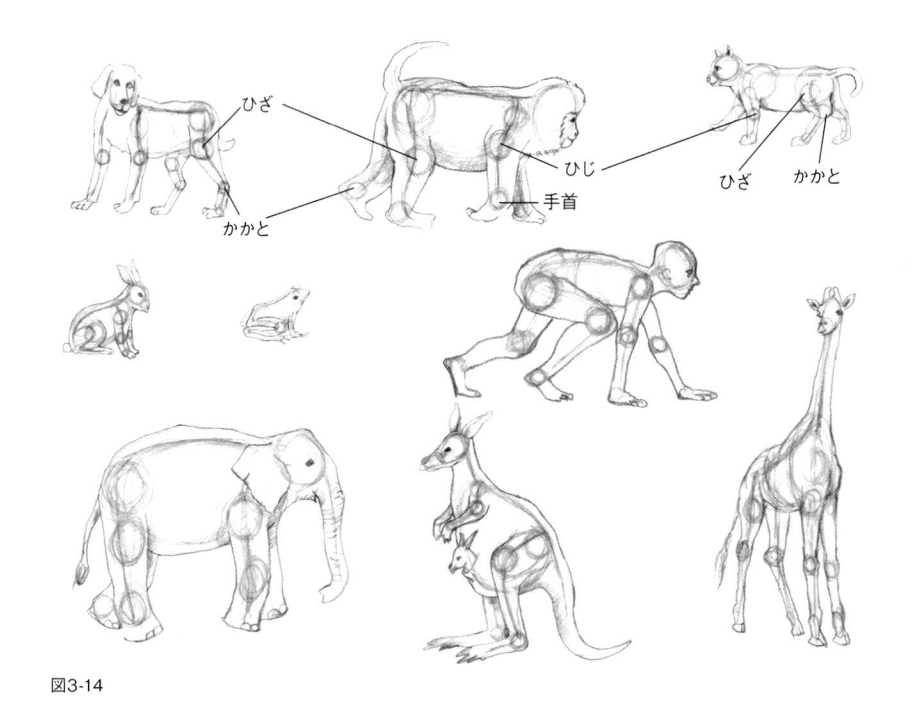

図3-14

鼻、目、耳などの顔から脚の先まで基本的なしくみは同じでも、種類によってそれぞれの形や位置・長さ・大きさなどは違います。(図 3-15、図 3-16)

鳥や昆虫や魚などもそれぞれ固有の形をしています。それらの特徴を捉えないとその動物らしさが描けません。実物や写真・図鑑などを参考に形や仕組みを考えながら描いてみましょう。確かめながら描くことによって、今まで気づかなかったことや美しさを発見することができます。絵を描くということには、対象を知ること、科学するということの意味もあります。

図3-15

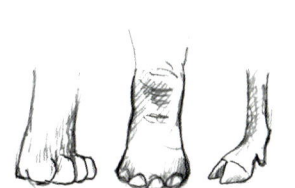

図3-16

図3-17：伝鳥羽僧正「鳥獣人物戯画」高山寺
（12世紀後半〜13世紀）

(3) 構図 (コンポジション ＝composition)

描きたいもの (モチーフ＝主題) を画面の中にどのように取り入れるか、骨組みをどうするか、位置や大きさをどうするかなど美的効果を考えて画面に配置、構成することを構図といい、絵画を構成する最も重要な要素の一つです。

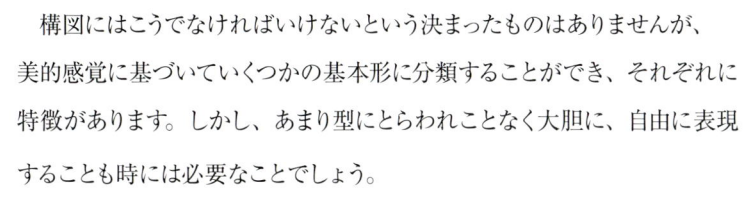

構図にはこうでなければいけないという決まったものはありませんが、美的感覚に基づいていくつかの基本形に分類することができ、それぞれに特徴があります。しかし、あまり型にとらわれることなく大胆に、自由に表現することも時には必要なことでしょう。

①三角形の構図（図 3-18）：どっしりとした安定感があり、まとまりやすい。逆三角形はその反対に不安定で動的な感じになります。
②対角線の構図（図 3-19）：斜めの線は奥行きや遠近感をあらわし、動きや変化が感じられます。
③水平線の構図（図 3-20）：横に広がり、静かで穏やかな感じがします。

図3-18：伝源頼朝像　神護寺
（鎌倉時代）

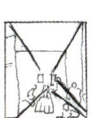

図3-19：ディエーゴ・ベラスケス「ラス・メニーナス」(1656)　プラド美術館

図3-20：クロード・モネ「ひなげし」(1873)

④垂直線の構図（図 3-21）：上下ののびが感じられ、厳粛で引き締まる感じがします。

⑤水平と垂直の構図（図 3-22）：多く見られる構図で端正で堅実な感じがします。

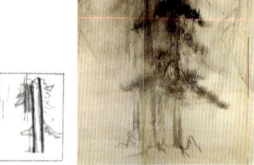

図3-21：長谷川等伯「松林図」（6曲1双）（16世紀後半）

⑥その他、渦巻きの形（図 3-23）：や稲妻のような形などいろいろな構図の形があります。

図3-22：フランソワ・ミレー「羊飼いの少女」(1862-1864)

図3-23：葛飾北斎　富嶽三六景「神奈川沖浪裏全図」(1831-1833)

2. 版画について

　版画とは、下絵に基づいて木や金属、石の面に彫ったり削ったり描いたりして版を作り、絵の具やインクをつけて紙に写し取る間接的な描画表現方法です。版の材料や形式、材料によって多様な表現や、一つの版から何枚でも同じものができることが大きな特徴です。

　曇ったガラス窓に手形をぺたぺた押すことや、葉っぱの形を写し取ること、印を押すことなども版画と同じようなしくみです。このような版画の仲間から、木版画や銅版画、石版画などのように高度な技術を要する版画まで範囲は広く、絵画とは違う魅力があります。江戸時代に活躍した役者絵の東州斎写楽、風景画の葛飾北斎・歌川広重、美人画の喜多川歌麿らの浮世絵は木版画によるものであり、19世紀後半のヨーロッパ美術へも大きな影響を与えました。

版の形式

①凸版：版面の高い部分(凸部)にローラーなどでインクをつけてバレンで刷る。木版画・紙版画・スチレン版画・リノリウム版・ゴム版・野菜版・(拓本・フロッタージュ) など。（図 3-25）

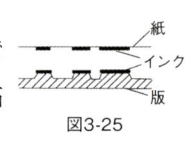

図3-25

②凹版：版面のへこんだ部分(凹部)にインクをすり込み(余分なインクを拭き取る)、プレス機により強圧で刷る。ドライポイント・エッチング・メゾチントなど。（図 3-26）

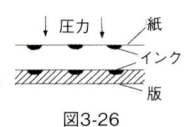

図3-26

③孔版：版面の穴を通してスキージーなどでインクを刷り込む。ステンシル・シルクスクリーン・謄写版など。(図 3-27)

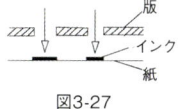

図3-27

④平版：凸版・凹版・孔版とは違い、水と油のはじき合う性質を利用して平面にインクをつけて刷る。最も描画的な表現。リトグラフ・(デカルコマニー・マーブリング) など。(図 3-28)

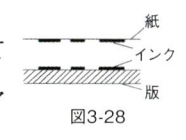

図3-28

3. 彫塑 (彫刻) について

　姿や形を立体で表したものを彫塑または彫刻といいます。その歴史は古く旧石器時代といわれています。初めは、まじないや母性賛歌の対象として石像が作られました。やがて、ギリシャ・ローマに代表されるような、人間の理想像や信仰の像として大理石による芸術性の高い彫刻が作られました。近代になると、人間の個性が尊重され作者の生活感情や思想が表現されるようになりました。日本でも、縄文時代や古墳時代に土偶や埴輪が作られ、その後、仏教伝来と共に木彫を中心とした優れた仏像彫刻が数多く生まれています。(図 3-29、図 3-30、図 3-31)

　現代では、風や動力で動くもの、オブジェといわれる従来の彫塑素材と異なるものを組み合わせて作った現代彫刻が、身近に見られるようになりました。

図3-29：「月光仏」
東大寺法華堂(8世紀)

(1) 彫塑 (彫刻) の分類と表現様式

　彫塑（彫刻）を分類すると次のようになります。

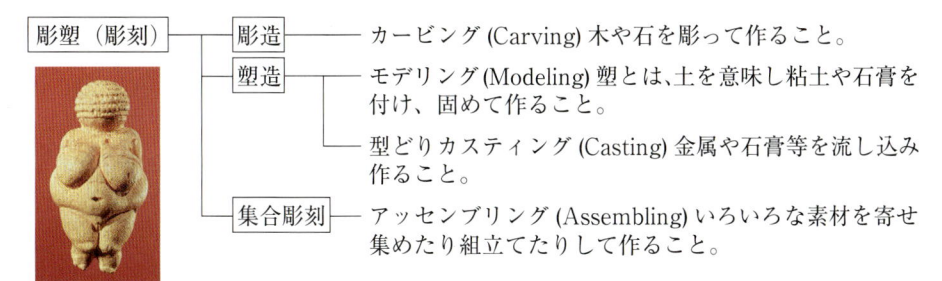

彫塑（彫刻）
- 彫造 ── カービング (Carving) 木や石を彫って作ること。
- 塑造 ── モデリング (Modeling) 塑とは、土を意味し粘土や石膏を付け、固めて作ること。
- 　　　── 型どりカスティング (Casting) 金属や石膏等を流し込み作ること。
- 集合彫刻 ── アッセンブリング (Assembling) いろいろな素材を寄せ集めたり組立てたりして作ること。

図3-30：「ヴィーナス」
(旧石器時代 約2万5千年前)

　彫塑の表現様式には，丸彫りと浮き彫りがあります。丸彫り (ラウンド =Round) とは 3 次元的な奥行きがあり完全な立体表現ですが、浮き彫り (レリーフ =Relief) は平面上に盛り上がらせた絵画的な要素が強い立体表現です。

(2) 彫塑の美的要素

彫塑の表現の主な美的要素として、量感、均衡、動勢の3つがあげられます。

- 量感 (マッス mass, ボリューム volume)：感覚的に与える量感や大きさ
- 均衡 (バランス balance)：全体的な調和、つりあい
- 動勢 (ムーブマン movement)：立体の方向性や動感

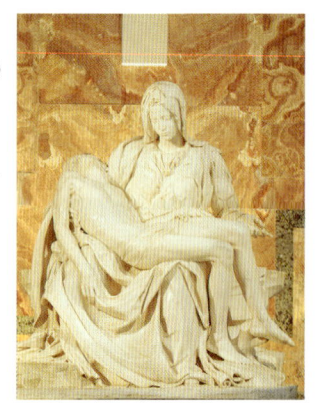

図3-31：ミケランジェロ・ブオナルローティ「ピエタ」(1498-1500)

4. デザインについて

デザインとは、設計・図案・意匠などの総称で、一般的には生活に役立つということを目的に、より美しく、より機能的に色や形などで創造的に表現することです。現在、私たちの周囲にあるすべてが、デザインと無関係のものはないと言ってよいほど広範囲に及び、その分野は多種多様です。

普通、教育の場でのデザインは、主に視覚を中心とする表現であり、色彩や線、形態、明暗、質感などの造形要素を構成することによって、美的感覚を高めることを目的にしています。

(1) デザインの分野

①視覚伝達に関するデザイン

新聞や雑誌、テレビ、インターネットなどマス・メディアの急速な発達や普及により、視覚を通して訴えるデザインの果たす役割や量が増大しています。

- グラフィックデザイン (印刷物・ポスター・カタログなど)
- パッケージデザイン (包装容器など)
- その他

②生産に関するデザイン

日常的なものから高度なものまで、工業的な生産による製品のデザインのことをいいます。

- インダストリアルデザイン (工業生産品)
- クラフトデザイン (手作業を中心とする工芸的なもの)
- その他

図3-32：アントニオ・ガウディ「サグラダ・ファミリア」(1883-)

③環境に関するデザイン

都市と人間、住居と人間など生活空間全般において、より人間的で快適な環境を設計、計画するデザインのことをいいます。

- 建築デザイン（住宅、建造物など　図 3-22）
- インテリアデザイン (室内の家具や照明器具など)
- ディスプレイデザイン (商店のウィンドウ、展示空間)
- その他

(2) 色彩

私たちの周囲は色彩にあふれていますが、光によってはじめて色を認識することができます。ものに色がついているのではなく、光がものに当たって反射した光の色、または透過した光の色を視覚で色として感知するのです。何百万色の色を見分けるといわれる色感を持っているのは私たち人間だけの特性で、犬や猫は限定された色だけしか知覚できないといわれています。

色彩について、基本的な意味や性質を理解することは、感性を豊かにするとともに子どもの造形指導に欠くことはできません。

太陽の光をプリズムにあてると「虹の7色」に!!

太陽の光は無色ですが、実は色の集まりなのです。プリズムを通すと波長ごとの、屈折率の違いにより虹と同じような色の帯 (スペクトル) をつくります。

図3-33

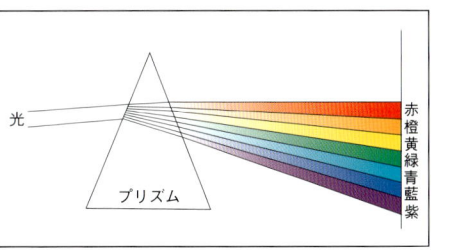

---

1) 色の分類と色の三属性

無数の色も大別すると無彩色と有彩色とに分けられます。無彩色とは白〜灰色〜黒の系列で色味のない色をいい、明度 (明るさ) の違いだけで区別します。有彩色とは、それ以外の赤や黄や青のように色みのあるすべての色をいい、明度 (明るさ) や色相 (色合い)、彩度 (あざやかさ) を持っています。これらの明度・色相・彩度を色の三属性 (三要素) といいます。

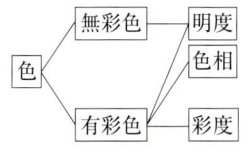

色 ─ 無彩色 ─ 明度：明るさの度合いのことをいい、白が最も明度が高く、黒が最も低い。
　　 有彩色 ─ 色相：赤い色とか青い色などの色合い、色みのことをいう。
　　　　　　　　　　色相の似ている順に環状に並べたものを色相環（色環）という。
　　　　　　　 彩度：色のあざやかさの度合いのことをいう。白や灰や黒が混ざらないほどあざやか。

2) 三原色と色の混合

①色(色料)の三原色と減法(減算)混合（図3-34）

赤紫(マゼンタ)、緑青(シアン)、黄色(イエロー)を三原色といい、混色するとほとんどの色を作ることができます。混色すると明度が低くなるので減法(算)混合といいます。三色を混ぜる黒に近い灰色となります。

(例)絵の具やカラー印刷に使う

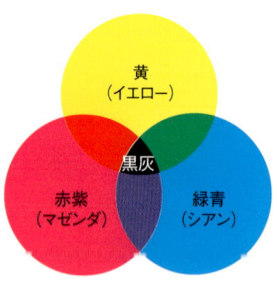

色（色料）の三原色と混合
図3-34

②光(色光)の三原色と加法(加算)混合（図3-35）

赤・青紫・緑を光(色光)の三原色といい、混色すると明度が高くなるので加法(加算)混合といいます。三色を混ぜると白光になり色が消えてしまいます。

(例)舞台照明に使う

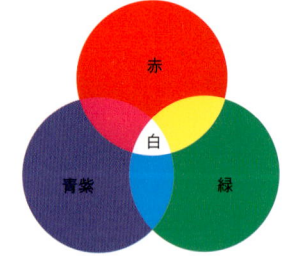

光（色光）の三原色と混合
図3-35

③中間混合

実際に混色するのではなく、目の網膜上で融合され混合色として見えることをいいます。円板に2色の色紙を貼り回転させると中間の色に見える継時混合や、違う色の縦糸と横糸の織物や点描画のように遠くから見ると混じり合って見える併置混合があります。

3) 色相環と補色

色相の似ている順に環状に並べたものを色相環といい、学校教育では一般的に日本色研配色体系をもとにする図3-36のような12色相環が用いられています。色相環の中で互いに向かい合った色を補色といいます。補色どうしの組み合わせは非常に目立つ強い配色で刺激的です。また補色どうしを混ぜると無彩色となります。なお隣り合った色を類似色(同系色)といいます。

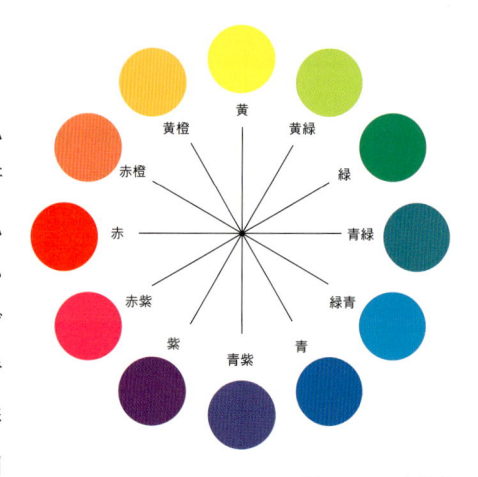

図3-36：12色相環

4) 純色・清色・濁色

どの色相の色においても、その色相の中で最も彩度の高い混じりっけのない色を純色といいます。純色に白または黒を混ぜた色を清色といい、純色に灰色を混ぜた色を濁色といいます。

5) 色の感情

①暖色と寒色（図3-37）：暖色は赤系統の色で暖かい感じがします。寒色は青系統の色で寒い感じがします。中間(中性)色として緑系統や紫系統があげられます。

②色の軽重（図3-38）：明度の高い色は軽く、明度の低い色は重く感じます。

③膨張(進出)色と収縮(後退)色（図3-39）：暖色や明度の高い色は膨張(進出)して見え、寒色や明度の低い色は収縮(後退)して見えます。

暖かく感じる色
寒く感じる色
中間色　図3-37
軽く感じる色
重く感じる色　図3-38
膨張色
収縮色　図3-39

6) 色の対比

①明度対比（図3-40）：同じ明度の色でも、周りに明度の違う色を置くとその色の影響を受け、明るさが違って見えます。

②色相対比（図3-41）：同じ色相の色でも、周りに色相の違う色を置くとその色の補色の色に近づいて見えます。

③彩度対比（図3-42）：同じ彩度の色でも、周りに彩度の違う色を置くとその色の彩度とは反対方向のあざやかさに近づいて見えます。

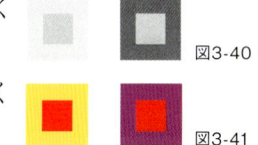

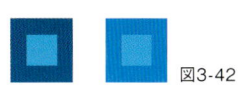

図3-40
図3-41
図3-42

7) 色の配色

次のような色の組み合わせで感じ方が変わります。

①明度による配色（図3-43）
・高明度どうし＝明るく軽い さわやか
・低明度どうし＝暗く重い どっしり
・明度の差が大きい＝よく目立つ 明快

高明度どうし
低明度どうし
高明度と低明度　図3-43

②色相による配色（図3-44）
・暖色どうし＝暖かい 動的
・寒色どうし＝冷たい 静的
・暖色と寒色＝はっきりしている 対立感
・補色どうし＝強い 目立つ 刺激的
・中間色どうし＝落ち着いている 柔らかい

暖色どうし
寒色どうし
暖色と寒色
補色どうし
中間色どうし　図3-44

③彩度による配色（図3-45）
・高彩度どうし＝派手 強い にぎやか
・低彩度どうし＝地味 落ち着いている
・高彩度と低彩度＝はっきり 目立つ

高彩度どうし
低彩度どうし
高彩度と低彩度　図3-45

5. 工作・工芸について

(1) 工作・工芸の意味

　教育の場で取り上げる工作とは、機械的な技術や方法を意味する工作ではなく、身近にある材料や道具と向き合いながら、自らの手を使い飾るものや簡単なおもちゃや実用的なものを工夫して作る創造的な造形活動をいいます。一方、工芸は、実用性を目的としながらも、長い時間の中で培われた伝統や様式を踏まえ美を追求する工作といえます。

　工作・工芸は、目的が明確であるがために、それを達成するにはさまざまな制約を乗り越えていかねばなりません。絵画や彫塑のような主観的な表現のみではなく、実用性を重んじる客観的な表現が求められます。その過程は、思考的であり創造性に満ちています。

図3-46：尾形光琳「八橋蒔絵硯箱」（18世紀）

　工芸は、表現として前述のように意義あるものですが、鑑賞という面からも重要な位置にあります。工芸品を身近で触れたり感じたりすることは、美意識を高め心を豊かにしてくれるものです。

(2) よく使う道具や材料

　①はさみ（図3-47）

　はさみの使い方など、いまさらと思う人がいるかもしれませんが、きれいに正確に切るには要領があります。

　はさみを開いて紙を刃のもとまで入れてゆっくり切ります。これを繰り返して切りますが、いつも紙を刃のもとまで入れないと、切り口がギザギザになってしまいます。曲線の場合は紙を持つ手をまわすようにして、はさみを持つ手はあまり動かしません。受け渡しは刃先を相手に向けないようして行います。

図3-47

　②カッターナイフ（図3-48）

　カッターナイフは、鉛筆を持つように持ちカッティングマットや重ねた新聞紙の上などで作業します。直線を切る場合、定規(金属性の定規でなくても大丈夫です)をしっかり押さえて、カッターを持つ手にあまり力を入れないでゆっくりと定規に沿って切ります。薄い紙は1度で切

図3-48

れますが、厚紙や何枚も重ねて切るときは何度か繰り返し切るときれいに切れます。薄いベニヤ板もカッターナイフ(大型が適してる)で切れます。不安定な場所での作業や、刃の進む方向に手を置いたり、必要以上に力を入れすぎると思わぬ怪我をしますので十分に気をつけてください。なお、刃が切れなくなったら付属の折具で一目盛折って使いましょう。ダンボールにはダンボールカッターが便利です。

ペットボトルを切る場合(はさみでも)は、ビニールテープを巻いてその縁に沿って切るようにするとまっすぐに切れます。受け渡しは刃をしまって刃先を相手に向けないようにして行います。

③かなづち(とんかち)(図3-49)

釘を打つだけではなく、何かをつぶしたり叩いたりする道具です。左右とも平らになっている"げんのう"とも呼ばれるかなづちが最適です(片面はやや曲面になっている)。おとなは柄の先の方を持つようにしますが、子どもは真ん中辺りを持つといいでしょう。

図3-49

④ペンチ(図3-50)

針金を切ったり曲げたりするのに使います。細い木なら、のこぎりよりもペンチの方が簡単に切断できます。

図3-50

⑤接着剤

多種多様な接着剤が出回っていますが、接着する素材や用途に応じてを選びます。

・紙(布)を接着するには、一般的にチューブや容器に入ったでんぷんのりを使いますが、接着するまでやや時間がかかりますので、必要に応じて固定しておくためのクリップや輪ゴムなど用意しておきます。中指でのりをつけたりのばしたりすれば、空いている人差し指でつかむことが自由にできます。大きい面を接着するには、木工用ボンドを水で溶いて(1:1ぐらい)使うといいでしょう。

・木やダンボールを接着するには、木工用ボンドが最適です。接着するまで相当時間がかかりますので、固定する方法を考え用意しておいてください。

・発泡スチロールやペットボトル、ビニール、プラスチックなどは、それぞれに適した接着剤があるのでよく調べて使用しましょう。

・瞬間接着剤も大変便利ですが扱いには十分注意してください。特に子どもの手の届かない所で使いましょう。

・牛乳パックや紙コップに紙などを貼る場合、耐水処理がされていますのででんぷんのりや

ボンドでは接着しにくく、しばらくすると剥がれてきてしまいます。両面テープを用いたり、牛乳パックでは接着面にコンパスの針などで細かく引っかき傷をつけた上ででんぷんのりやボンドを使うとよいでしょう。

図3-51：子ども用の安全はさみ

図3-52：ペンタイプの接着剤

Chapter4 実践プログラム集

1. 描く楽しさ

①心の表現・心の訴え

　人間はなぜ絵を描くのでしょうか。有史以来、環境や文化、国や人種の違いなどまったく関係なく絵を描く営みは続いています。誰が教えるわけでもないのに、同じような描画の発達段階を経ながら、その活動は展開していきます。絵を描くということは、人間にとって生きている証であり喜びであると同時に、人間としての発達や成長にとって欠くことのできない活動といえます。

図4-1：みんなで仲よく描く

　子どもが絵を描くということは、心に浮かんだことや、思っていること、関心のあることなどを絵で表すという心の表現であり、訴えです。人や動物、家や花、また身の回りで起きたことやお話の絵、頭の中で考えたことなど、子どもたちは描きたいものを描きます。誇らしげに、時には恥ずかしそうに私たちに見せてくれますが、それは心の高まりや喜び、願望などをおとなに訴え理解して欲しいと期待している行為なのです。その子なりの表現方法を認め、その子の思いや考え、存在をしっかりと受け止めてあげたいものです。

　幼児の成長と描画の発達段階を踏まえず、結果だけを見て上手いとかそうでないとか、間違っているなどと判断することは適当ではありません。また、行き過ぎた指導や放任は、子どもの気持ちを押しつぶしたり無視することになりかねません。楽しく描きたいという気持ちがだんだん失せて、やがて絵を描くことが嫌いになってしまうでしょう。

　子どもの豊かな感性を創造的な活動へと導くためには、おとなの理解と援助が必要です。子どもは言葉や行動で考えや気持ちを表現できない場合もあります。無言のうちに絵に表出されます。絵は子どもの心の窓です。明るい光をいっぱい受けた開放的な窓であってほしいものです。

②描きたいという欲求

　子どもは、自発的に好きな時に好きな材料で好きな絵を描きます。クレヨンや紙を見ただけで何かを描いてみたくなります。時には、課題を示して描かせる場合もありますが、

図4-2：しゃも（6歳）

子どもの描きたい気持ちや描きたいと思う絵をないがしろにするものではなく、むしろ描く意欲を喚起するものであって、決して強制や制約であってはなりません。

　園や家庭、地域での生活や遊びの中で、人や物との関わり合いや、感動する機会が多ければ多いほど心象や印象が深まり、描きたいと思う気持ちが高揚します。そして、描くことによってそれらは強く心に刻まれます。このように、描くという行為はイメージを豊かにすることから生まれます。また、描くということによってイメージはより確かになります。この繰り返しは情緒の安定に大きな役割を果たすことは言うまでもありません。感性を豊かにし、ものを見る力や創造性を育て、高めていくことになります。子どもの描きたいという気持ちを尊重し、自発的に描きたくなるような環境づくりが望まれます。

図4-3：絵を描くのは楽しいな

③ドローイング(かくこと)とペインティング(ぬること)

　絵を描くときの表現方法として、ドローイング(かくこと)とペインティング(ぬること)に分けることができます。•「素材や道具と仲良くなる」項参照

　ドローイングとは、鉛筆やペン、クレヨン、パス類などを用いて線で描く表現のことを指します。(クレヨンやパス類はペインティングにも適した画材です。)

　1歳半ぐらいには、鉛筆やクレヨンを使って線によるなぐり描きを始めます。単なる手や腕の動きによる意味のないなぐり描きから、何か意味を持つようななぐり描きに変化してきますが、十分に経験させたいものです。やがて3〜4歳になると頭足人と呼ばれるような形をした人を描くようになり、5〜6歳になると基底線があらわれ表現力が増していきます。反面、概念化されていく時期もこの頃です。また、この頃の子どもたちは自由にのびのびと描くことが出来ますが、時として弱々しい線であったり, 小さく固まっていたりする場合もあります。そのような時は、優しい語りかけと共に与える鉛筆やペン、クレヨン、紙の種類や大きさや等に工夫や変化を持たせ、おおらかな線が描けるように指導してください。

図4-4：大きな紙に

　ペインティングとは、水彩絵の具やアクリル絵の具、クレヨンやパス類などを用いて色をぬる(色で描く)ことをいいます。はじめは、指や手、筆で自由にぬりたくることから始まりますが、色に興味を持ち色をぬるということを意識するのは一般的に4〜5歳の頃からです。6歳頃には形を描いて色を塗ることも上手にできるようになりますが、ぬり絵的にならないように注意が必要です。

子どもの年齢や興味、表現方法に応じて描画素材を用意しますが、いつも同じものではなく子どもらしく生き生きと表現できる用具や材料を工夫したり準備したいものです。新たな興味がわき新鮮な気持ちで意欲的に取り組むことができるでしょう。
＊（Capter2-3 子どもの心身の発達と造形表現の項参照）

図4-5：絵の具をつかって

④自由に描く

　課題を示して描くのではなく、その時の子どもの自由な発想によって自由に描く絵のことで、ここでは「自由画」とします。子どもの自由な意志で描く訳ですから、生き生きした絵を期待することができます。のびのびと自己表現が出来るように環境を整えるとともに、十分に創造力が発揮できるように配慮しなければなりません。
　好きなものを自由に描くことはいいのですが、同じような絵ばかりを描いていたり、キャラクターものばかりを描くなど創造的な表現活動とは言えない場合もよくあります。そんな時は子どもの様子をよく見ながら楽しい経験を与えたりよく話しを聞いてやり、生き生きした生活の表現ができるように導いていくことが大切です。

図4-6：おんなのこ（6歳）

⑤記憶で描く

　家庭での生活、園での生活、友達とのあそびなど身近な出来事や体験の中から、心に残ったことを絵で表現することを「生活画」といいます。あるいは、その時のことを思い出して描くので「記憶画」ともいいます。したことや見たこと、感じたことを絵に表すことによって、経験をより確かにすることや気づくこと、表現する喜びを感じることが生活画の指導のねらいとなります。やがては、自然との関わりや社会との関わりを見つめ、人間が生きるということは何かを考える力になるのです。
　子どもたちにとって、毎日が目新しく興味の連続であるとはいえ、意欲的に取り組ませ生き生きした実感のこもった表現を引き出すためには、工夫や動機付けが必

図4-7：雪の日に（7歳）

図4-7：うんどう会（7歳）

要となってきます。感動も感じられず平板で、ただ知っていることを概念的に表現するだけの絵にならないように、また、描かせるだけにならないように気をつけなければなりません。

毎日の生活から子どもに興味や関心のあるものを引き出して、その経験を描くように話し合いや観察を通して導いていくことです。漠然とした大きなテーマを与えるより、具体的な経験や事実を描かせるようにしたいものです。

生活画だけの問題ではありませんが、どんな絵を描かせようか、どんな指導をするかという以前に、自発的に表現できるような環境と楽しいと感じることのできるような生活が大事なのです。

⑥見て描く・触って描く

目の前にあるものを見て描くとか、確かめて描くことを「観察画」や「写生画」といいます。子どもたちにとっての観察画とは、対象物を見た通りに描くことではなく、見たり触ったり動かしたりして感じたことや発見したことを描くことなのです。興味のあるものを見て描くというのは、子どもたちにとって、とても心躍る時でしょう。

図4-9：さつまいも（4歳）

題材については、子どもの興味や関心の高いものはもちろんですが、身近なもの、生きもの、親しみのあるもの、形や色に対して関心を高められるようなもの等、その時々の指導者のねらいなどから慎重に選ばなければなりません。そして、「よく見て描きなさい。」と言うだけではなく、手で触ったり、話し合ったり、どんな形に似ているかなどいろいろな角度から観察を助けるような指導も必要です。

ものを観察する、そしてそれを絵に描くということには発見の驚きや喜びとともに、ものを見る力や考える力、表現する力、そして不思議さや美しさ等を感じる感性を育んでいきます。

図4-10：海の怪獣（6歳）

⑦想像や空想して描く・お話の絵を描く

想像による表現は、目の前にあるものや身近な出来事や体験を表現するのではなく、想像したことや空想など頭の中で考えたことを表現することで「想像画」とか「構想画」といいます。お

Chapter 4
実践プログラム集

図4-11：さるかに合戦（6歳）

話や物語から想像して表したもの、こうであったらいいなあという世界や、未来の都市等想像や空想して表したもの、また、技法上の偶然の効果をもとに展開されるもの等いろいろあります。

　想像や空想による表現といっても何もない所からは生まれてくるわけではなく、今までの生活やあそびによって得た経験をもとに、いろいろ組み合わせたり、作り替えしたりして新しいイメージが生まれてきます。子どもはいつも夢や希望を抱いて成長していきます。未来をみる子どもの発想は、自由で活発であるため比較的容易に創造活動を展開できます。

　しかし、現在の子どもたちにとってテレビやCD・DVD等の映像による影響力は大きく、自由で多様な表現、そして想像力を伸ばすという観点から注意しなければならないでしょう。

図4-12：おに（8歳）

図4-13：お花（7歳）

図4-14：ボール紙にたけのこを描く（8歳）

55

2. つくる楽しさ

　子ども一人ひとりが粘土や砂、紙や木材など様々な素材と出会い、その素材と対話しながら「形づくる」ことは、成長の過程でとても大切です。保育者として、子どもたちが自分から手をのばして素材と積極的に関わり、自分なりにくふうしながら、他の仲間と共に造形活動を楽しめるように、造形活動のための環境を整えてあげなければなりません。ここからは、保育者が子どもたちにどのような造形活動を準備したらよいか、その実践的なプログラム例を挙げてゆきます。

　さまざまなプログラムを参考にしながら、みなさんが出会った子どもたちの状況に応じて、保育者自身のプログラムを展開していってください。

フェルトボールをつくる

里山でおうちづくり

色紙をのりでベタベタ

―子どもとつくるプログラム―

(1) 子どもに伝えたい基本的な技法

　1) ちぎる・まるめる〜一枚の封筒から〜

　2) 切る　①切り紙 ②切り絵

　3) 折る〜工作の前にくず入れを折る〜

　4) 織る〜紙テープを使って〜

　5) ぬいさし

　6) スクラッチ〜ひっかき絵〜

　7) スタンピング　①手や足で ②道具をつかって ③野菜をつかって

　8) スパッタリング（ぼかし絵）

　9) デカルコマニー(合わせ絵からお面づくり)

　10) フロッタージュ(こすりだし)

　11) 染める　①マーブリング ②折り染め ③しぼり染め ④たたき染め

(2) さまざまな素材を使って

　1) 自然の中の素材でつくろう

　　①小さな森 ②森のおくりもの ③小枝のブローチ ④栗のクモの巣 ⑤光と影の遊び

　2) 身近な素材でつくろう

　　①プチプチシートの木 ②新聞紙の造形タワー ③小枝・わりばしペン

　　④ドットペインティング

　　⑤粘土でつくる

　　　(a)ちり紙粘土　(b)小麦粉粘土 (c)くびかざり (d)ペンダント

　　　(e)粘土を焼いてみよう (はしおき)

(3) 遊ぶものをつくろう

　1) 飛ぶものをつくる

　　①三角トンボ ②くるくるトンボ ③紙トンボ ④折り紙を使って ⑤輪切りの飛行機

　　⑥よく飛ぶフリスビー

　2) ポップアップカード (ぱくぱくするおくち)

　3) コマに色をつけて回そう

(4) 保育者がつくって見せる

　1) パネルシアター

　2) ペープサートであそぼう

Chapter 4
実践プログラム集

（1）子どもに伝えたい基本的な技法

1）紙をちぎる・まるめる

身近な紙を使って、ちぎったり、まるめたりして遊ぼう。

ー材料ー

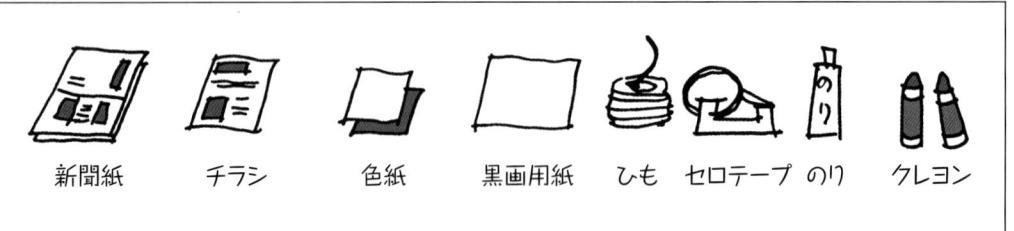

新聞紙　チラシ　色紙　黒画用紙　ひも　セロテープ　のり　クレヨン

1）ちぎる

破いてもよいことを話し、思いきり破って遊びます。破いた紙で形みつけをしたり、紙ふぶきのようにして遊ぶ。

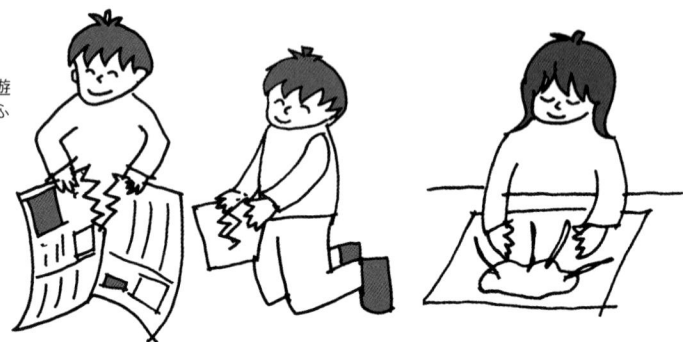

何に見えるかな？
破ってできた、偶然の形からイメージする。

2）まるめる

ねじったりまるめたり立体的な発想をする。

紙をちぎってみると、まっすぐに切れやすい方向と、切れにくい方向があります。その体験から紙には横目と縦目があることを子どもたちに教えてあげてください。
また紙の種類によって繊維の長さも違います（たとえば、和紙は繊維が長い）。そのため、それぞれの紙をちぎった時の感触もさまざまです。

Chapter 4
実践プログラム集

〜1枚の封筒から〜

まるめた紙の形から作品づくりをしてみよう。

- 材料 -

| 茶封筒 | 輪ゴム | セロテープ | 小さな丸い ラベルシール | 毛糸 | はぎれ | 色紙 |

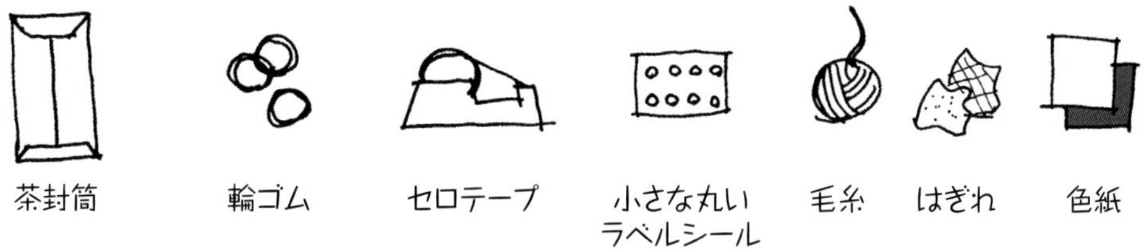

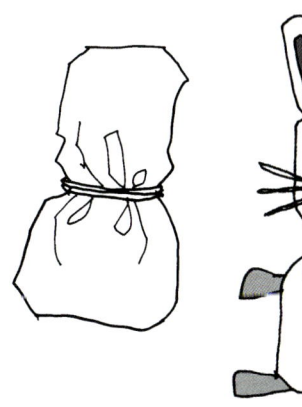

① 封筒の中に（前ページの遊びで使ったような）ちぎった新聞紙やチラシなどをつめる。

② 四つ角を折り込み、粘土感覚で形を作っていく。

③ できあがった作品を集め、壁面などに展示する。

59

2）切る　①切り紙

切り紙で形をつなげてみよう。

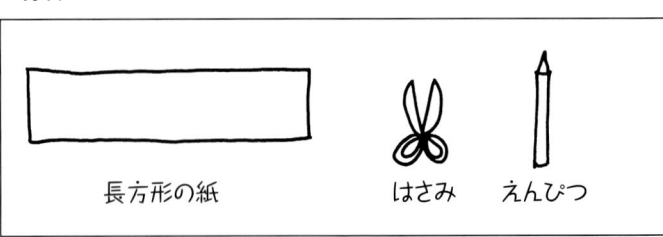

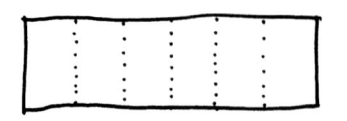

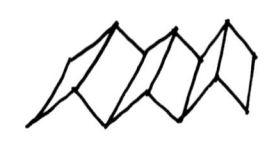

―材料―

長方形の紙　はさみ　えんぴつ

①長方形の色紙を折る。
※色紙は薄口のものが折りやすく切りやすい。

②このような形になるように、山折り、谷折りを交互にくり返す。

③絵を描いて、外線をはさみで切っていく。
※右側と左側に必ずつながりの部分を作るようにする。つながりがないと形を切り取った後、ばらばらになってしまう。

④ひろげてみると形のつながったものができあがり!
※色紙が長く、折る回数が多いほど、形がたくさんつながったものができます。

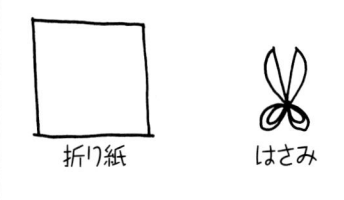

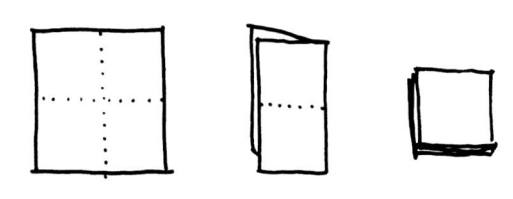

折り紙　はさみ

①折り紙の裏が見えるように（表になるように）を四つ折にする。
②絵を描いて線に沿って切る。
③折り紙をひろげてできあがり!

※絵を描かずに何か所か丸・三角・不定形などの形をはさみで切って、ひろげてみると不思議な形ができあがる。

②切り絵

―材料―

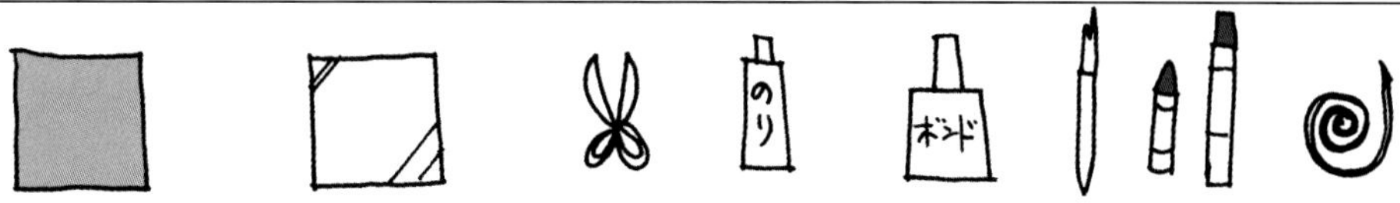

色紙　台紙用の紙（トレーシングペーパーや白い紙）　はさみ　のり　ボンド　筆　クレヨン　マーカー　針金

①色紙に一本の線でつながるように絵を描く。

②線に沿って、はさみで切りとっていく。

③絵を裏返しにして、特製のりを筆で塗る。
※筆にのりをつけすぎないように！

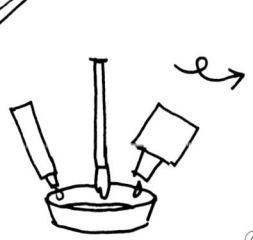

特製のり：あらかじめ作っておく。
ボンドとでんぷんのりを1：1の割合くらいで
混ぜ、水を加えてゆるくする。

④台紙用の紙にバランスよく配置する。

⑤できあがり。

＜応用例＞

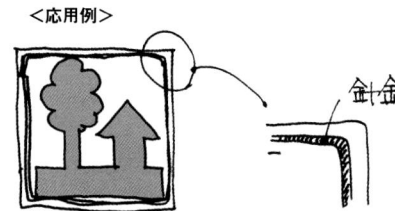

①台紙を裏返して、台紙の周りに針金をつける。

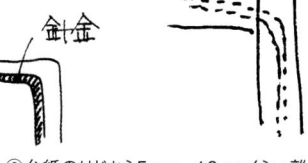

②台紙のはじから5mm〜10mmくらい離したところに配置。

③余った部分を針金で包むようにして、台紙に折り目をつけてからのりで固定する。

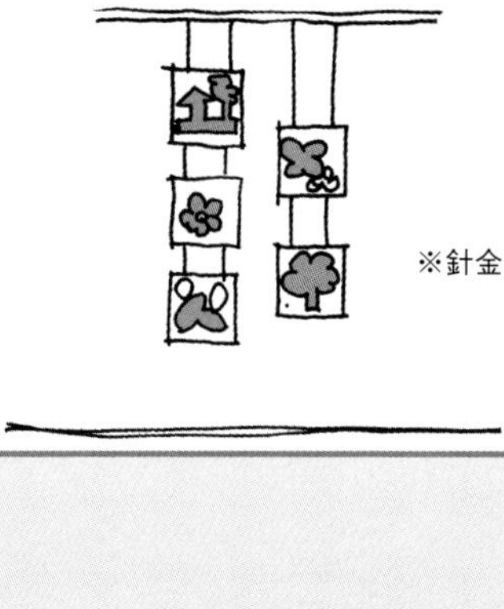

※針金を周りにつけて、何枚かをつなげて窓に飾るときれいです。

Chapter 4
実践プログラム集

3）折る　〜工作の前にくず入れを折る〜

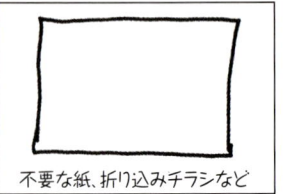

─材料─

不要な紙、折り込みチラシなど

ちぎった紙くずや糸くずなど小さなゴミで散らかる作業の時に、近くにくず入れがあるとテーブルの上がいつもきれいで作業もはかどります。そのまま捨てられてとても便利です。また、作り置きしておくと必要なときにいつでも使えます。（小物の整理整頓にも。）

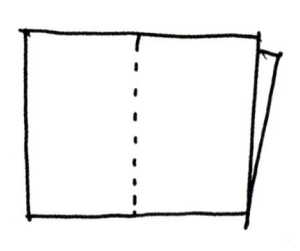

①半分に折る。

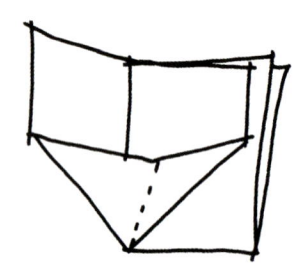

②さらに半分に折る。

③ふくろを開く　裏も同じように開く。

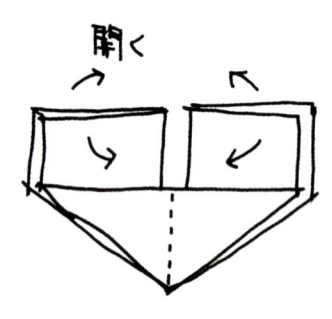

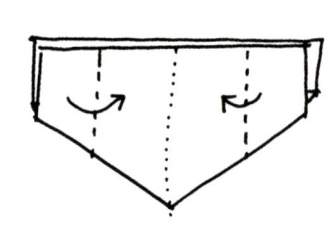

④図のように開く。

⑤左右を中央に向かって折る。反対側も同じように折る。

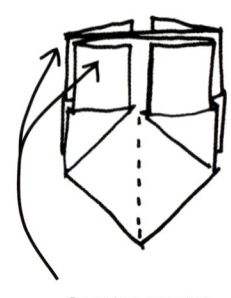

⑥この部分を2回折る。

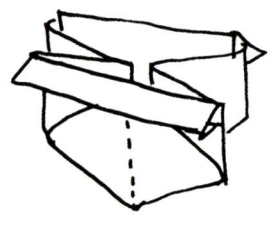

⑦ひろげればできあがり。いっぱい作っておくといいよ。

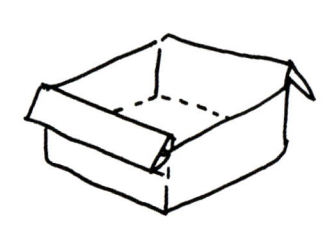

作ったら左のようにたたんでおくとよい。

Chapter 4
実践プログラム集

4）織る　〜紙テープを使って〜

-材料-

台紙の紙（画用紙など）　色のついた紙（色画用紙など）　はさみ　カッター　のり

横糸と縦糸の絡まり合いを体験しましょう。
（フレーベルの「恩物」にも含まれている。）

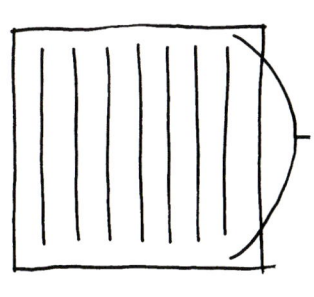

両端は、切りはなさいように注意。

※小さい子には切り紙の間隔を広くする。

①台紙に等間隔で切り込みを入れる。

②色紙で帯状の差し紙を作る。

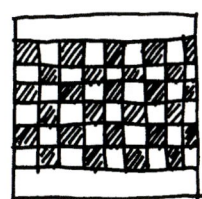

③差し紙を台紙の切り込みに差し込み、交互にくぐらせて台紙をうめていく。

<参考例>

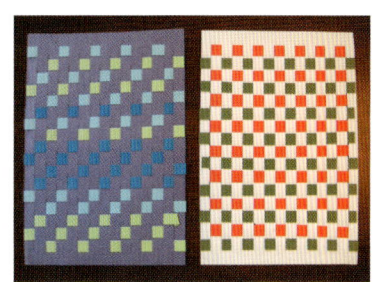

5) ぬいさし

麻布に太い糸と針で自由に縫い刺しをしましょう。糸で「線を描く」体験になります。子どもが一人ひとりに針を持たせることが無理な場合は、毛糸やラフィア（ヤシの繊維から作られたひも）の先にセロテープを巻きつけ、先端を固くとがらせて針の代わりにします。

ー材料ー

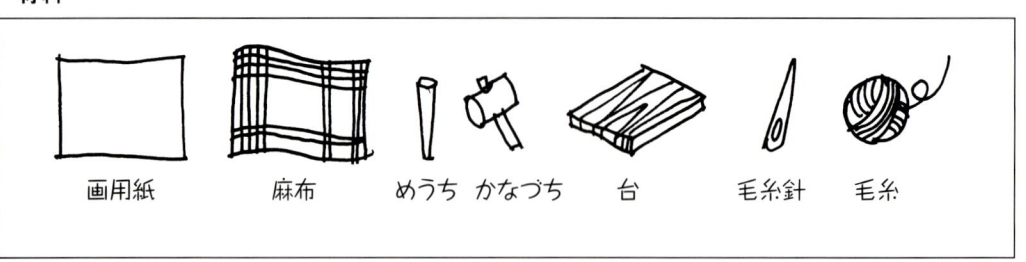

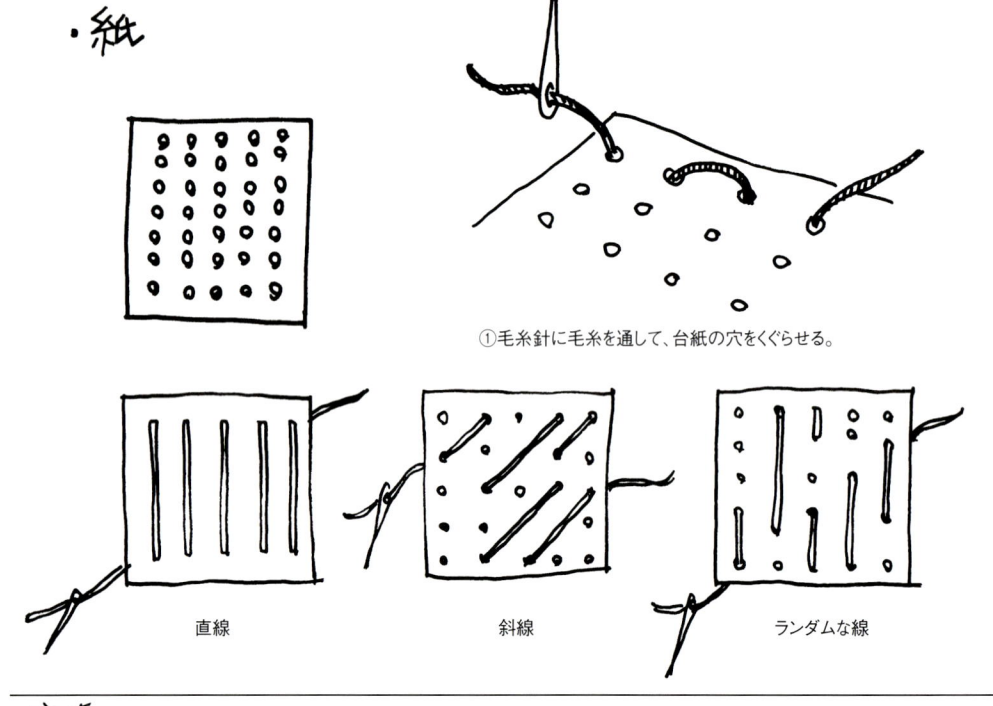

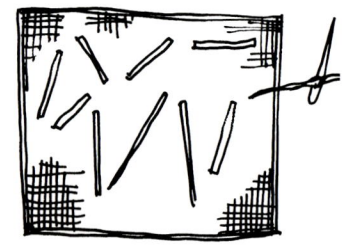

画用紙　麻布　めうち　かなづち　台　毛糸針　毛糸

・紙

①毛糸針に毛糸を通して、台紙の穴をくぐらせる。

直線　　斜線　　ランダムな線

・麻布

①麻布の目をひろって、自由にぬっていく。

6) スクラッチ ～ひっかき絵～

ひっかいたあとに下地の色が鮮やかに出てくる、不思議で楽しい技法です。

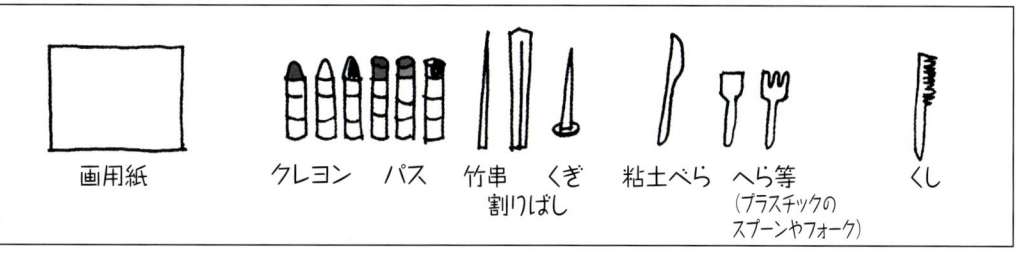

－材料－

画用紙　クレヨン　パス　竹串・割りばし　くぎ　粘土べら　へら等（プラスチックのスプーンやフォーク）　くし

ひっかく道具を工夫してみよう。
ひっかく道具の種類や、力の入れ方・動かし方によっていろいろな線が描けます。

① 画用紙にクレヨン・パスを使い、いろいろな色で塗りわける。

※パスはクレヨンよりやわらかく、色の伸びと混色がしやすい。

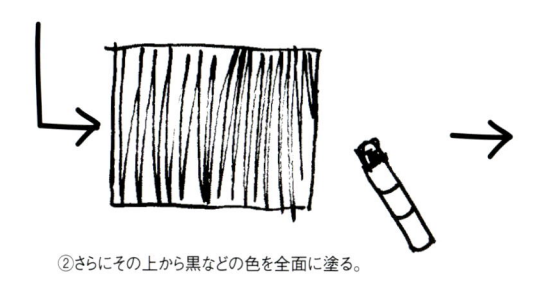

② さらにその上から黒などの色を全面に塗る。

③ とがったもので上から削りとり、図柄を作る。

7) スタンピング ①手や足で

押したり、うつしたりして表現する技法です。

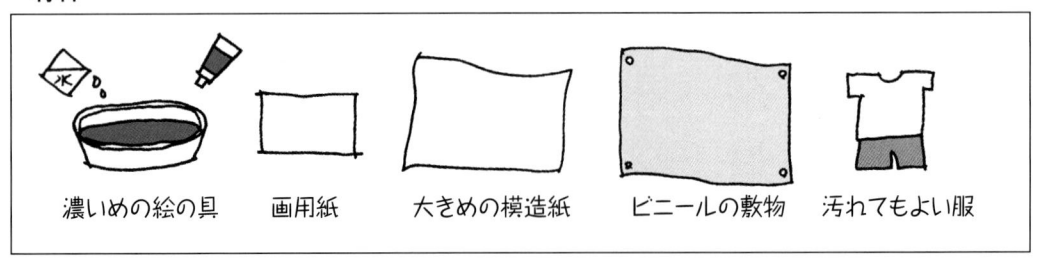

― 材料 ―

濃いめの絵の具　画用紙　大きめの模造紙　ビニールの敷物　汚れてもよい服

自分の手や足にえのぐをつけて、床いっぱいに敷きつめた紙の上で思いきり遊ぼう。

Chapter 4
実践プログラム集

②道具をつかって

いろいろなものの形を写しとっていく技法は、子どもたちにとってとても魅力ある遊びです。

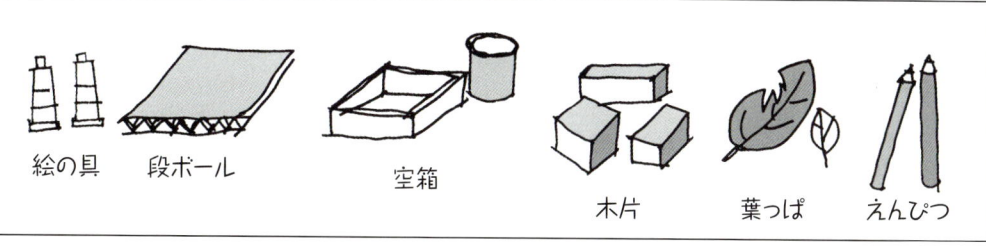

－材料－

絵の具　段ボール　空箱　木片　葉っぱ　えんぴつ

①浅いスポンジを入れ、少し濃いめのえのぐをたっぷりしみこませておく。

②いろいろな形を組み合わせることによって、おもしろい形をつくり出すことができる。

③野菜をつかって

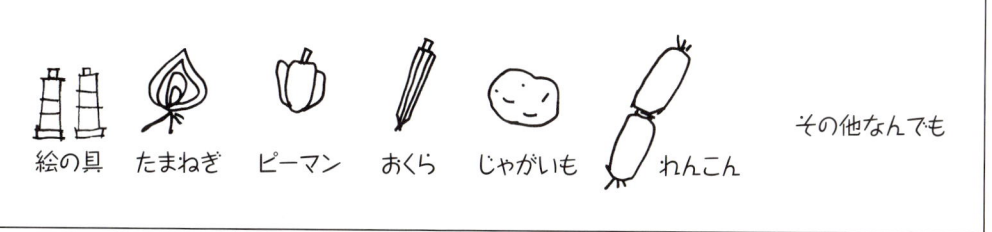

－材料－

絵の具　たまねぎ　ピーマン　おくら　じゃがいも　れんこん　その他なんでも

野菜はそのままでなく、切ると変化にとんだおもしろい断面ができる。

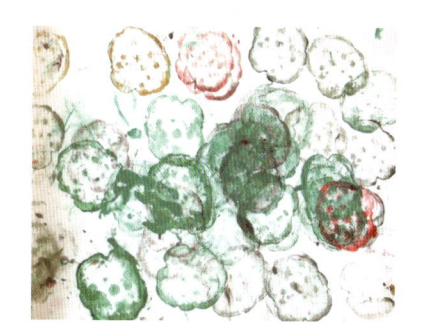

67

8) スパッタリング ～ぼかし絵～

―材料―

目の細かい網　　歯ブラシ　　絵の具　　形にしたいもの（木の葉など）

①絵の具のついた歯ブラシでぼかし網をこする。絵の具が霧状に散布される。

②紙の上に木の葉を置いて行うことで、その形がくっきりと浮かび上がる。

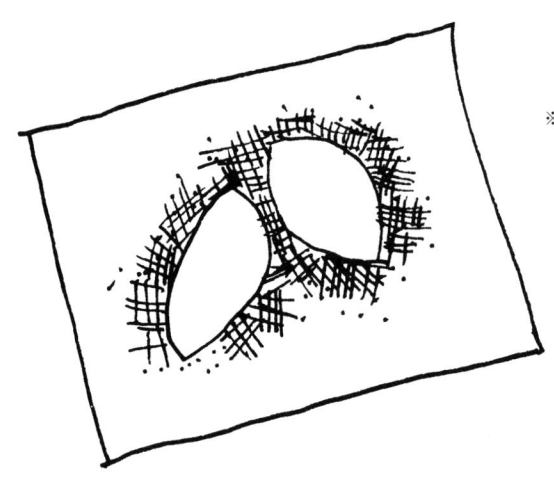

※木の葉を少しずつ動かしたり色彩を変えることで、自然の美しさや混色効果を発見できる。

Chapter 4
実践プログラム集

9) デカルコマニー　～合わせ絵からお面作り～

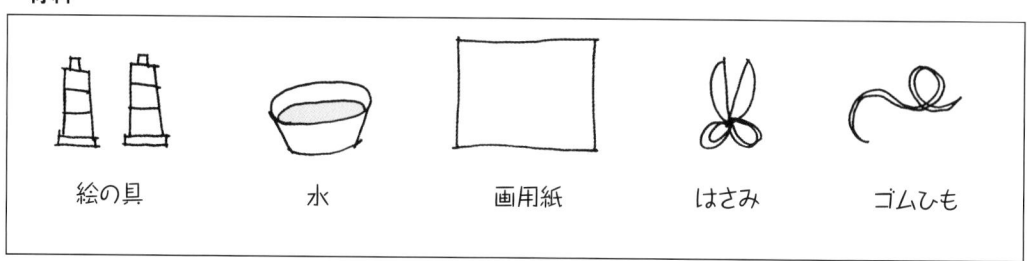

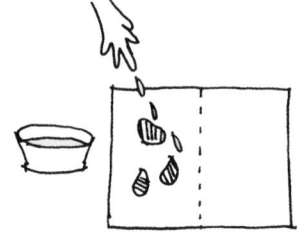

― 材料 ―

絵の具　　　水　　　画用紙　　　はさみ　　　ゴムひも

① 好きな絵の具をたっぷり出す。

② 水を手などでパラパラふりかける。

③ 折って上からこする。

④ すぐに開いて乾燥させる。はさみで好きな形に切る。

⑤ 穴を開けてゴムひもなどをつける。

Chapter 4
実践プログラム集

10) フロッタージュ（こすりだし）

どんなものがうつせるか身のまわりのものや、外にでていろいろなものを写しとってみよう。

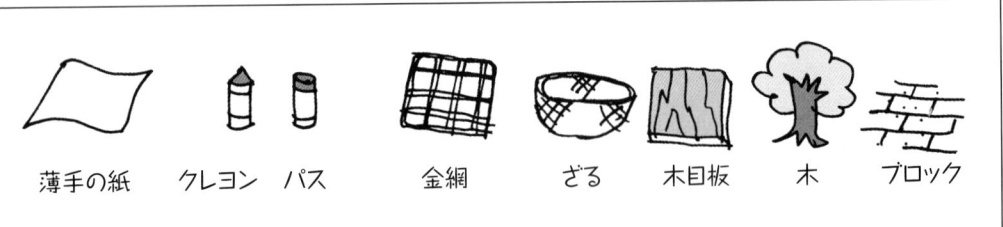

－材料－

薄手の紙　　クレヨン　パス　　金網　　ざる　　木目板　　木　　ブロック

①金属や木の肌やブロックに紙をあてて、クレヨンなどでこするとその材質の肌の形が写しとれる。

②こすりだした紙を使って画面を構成してみよう。

Chapter 4
実践プログラム集

11）染める　①マーブリング

水面に広がった美しい模様を紙の上に写しとる体験です。子どもたちから、思わず「すご〜い！」「きれい！」と声が上がります。

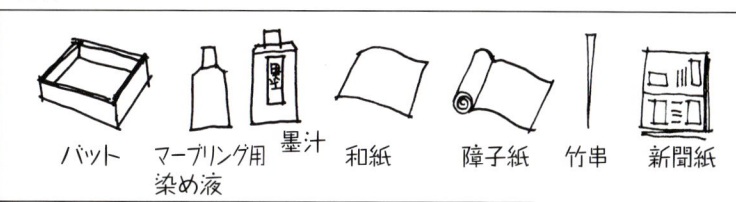

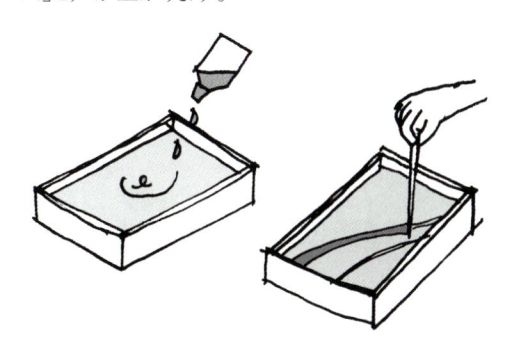

-材料-

バット　マーブリング用染め液　墨汁　和紙　障子紙　竹串　新聞紙

①水をはったバット（平らな容器）にマーブリング液をたらす。
※「フロート紙」と呼ばれる、小さな紙片を水面に浮かべ、その上にマーブリング液をたらすと、液が沈まないので無駄なくできます。

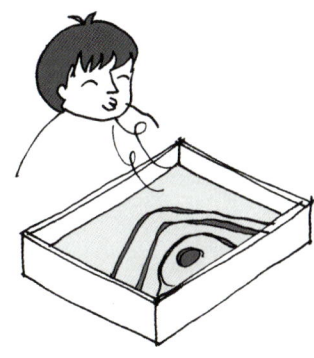

②そっと息をふきかけてみたり、竹串でマーブリング液の広がった水面をそっと上下左右に動かしたりする。

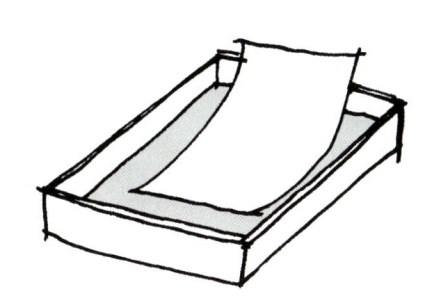

③空気が入らないように、紙を静かにおいて染め、引き上げる。

④干してできあがり。新聞紙の上にのせて乾かしてもよい。

※マーブリングの技法は、昔から本の装丁やラッピング用紙などに使われてきました。

71

Chapter 4
実践プログラム集

②折り染め

簡単な折り紙をしてから、色水にそっと浸します。染まった紙を広げるとき、紙が破れないように注意しなければなりません。こうして「折り染め」を製作する過程で、子どもたちは素材をていねいに扱い、目と手で集中して取り組む体験をします。

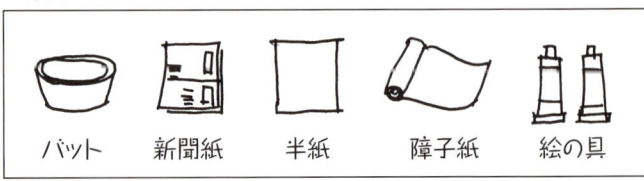

―材料―

バット　新聞紙　半紙　障子紙　絵の具

※和紙（障子紙や半紙）との出合い
　和紙は繊維が長いので、染めるのに適した素材です。

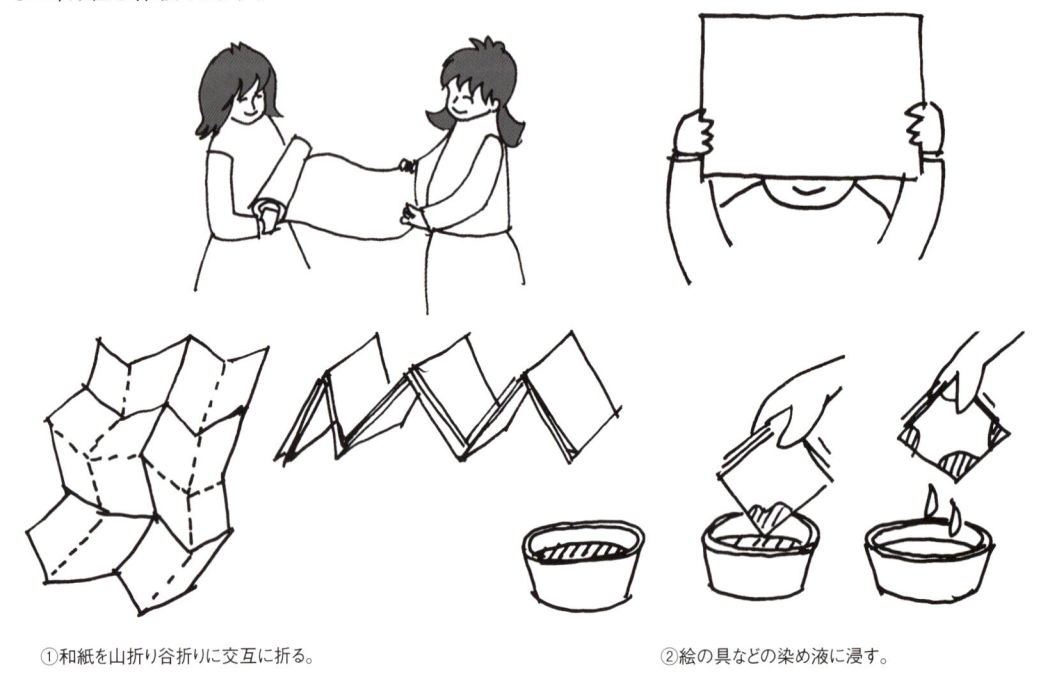

①和紙を山折り谷折りに交互に折る。

②絵の具などの染め液に浸す。

③干してできあがり。

※できあがった「折り染め」の紙は、七夕の飾りに活用します。

③しぼり染め

しぼり染めは、布を使って「むすぶ」「しばる」という細かい手の作業をするよい機会になります。

－材料－

布、みょうばん、輪ゴム、タコ糸、豆、ビー玉、染料、たらい、棒、おなべ

①ビー玉や豆を包んだ部分に、タコ糸や輪ゴムで数回巻き付ける。

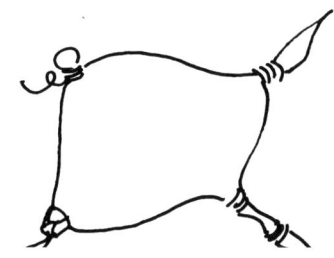

・布の色止め

②鍋に水とみょうばんを入れ、沸騰したら染め布を入れる。弱火で約30分煮る。

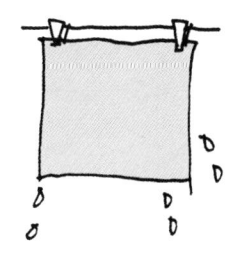

③よく乾かす。

④たらいに染料とお湯を入れて染め液を作る。
※化学染料は直接手で触らないこと。

⑤しばった布を染め液にひたし棒でかきまわす。

⑥染まった布を水洗いする。

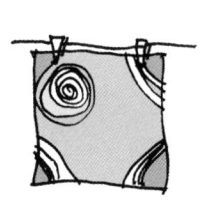

⑦干してできあがり。

Chapter 4
実践プログラム集

④たたき染め

身近にある草花を子どもと一緒に探して、見つけた草花をみんなでよく観察します。(形や色、名前など)
草花の色と形が布に染められるかどうか、どんどん試してみよう。

―材料―
とんかち　キッチンペーパー（ティッシュ）　新聞紙　紙　板

キッチンペーパー→
紙→
新聞紙→
台板→

<参考例>リーフプリント

※葉の裏にアクリル絵の具を塗り、布の表面に置いてこすりだしたもの

壁掛けにしてもすてき！

Chapter 4
実践プログラム集

（2）さまざまな素材をつかって
1）自然の中の素材でつくろう　①小さな森

集めた葉っぱ、小枝、木の実など自然素材の表現活動への取り入れ方

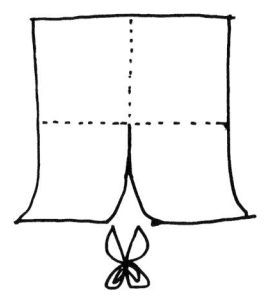

－材料－

正方形の画用紙　木の実　小枝　はっぱ　はさみ　のり　ボンド

①正方形の画用紙を四つ折りにし、一本の折れ線を中央までハサミで切る。

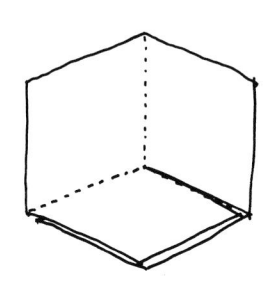

②切った部分を重ね合わせると立方体の空間ができる。

③小枝や葉っぱどんぐりなど、小さな自然をかざってみよう。

②森のおくりもの

誰でもその子なりの表現ができる、自然素材の形を利用した平面構成。

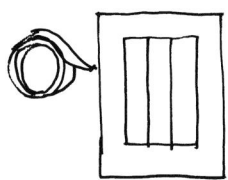

－材料－

おがくず　小枝　木の実　はっぱ　幅の広い両面テープ　画用紙

①台紙に両面テープをはっておく。

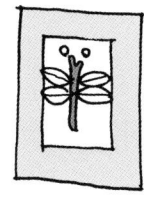

②粘着面に素材をならべる。

③おがくずの中をくぐらせる。

④作品のできあがり。

75

Chapter 4
実践プログラム集

③小枝のブローチ

小枝に毛糸をあみ込んでいきます。自然の素材を毛糸の色のうつくしさがとてもステキな作品になります。

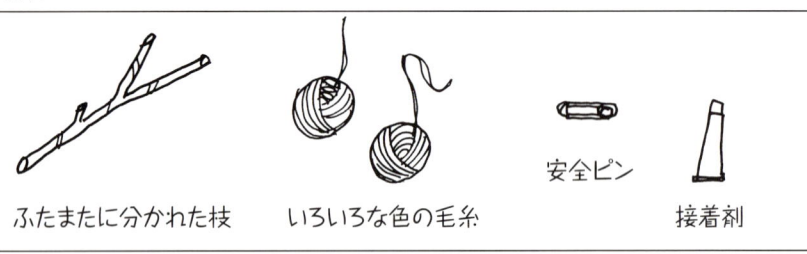

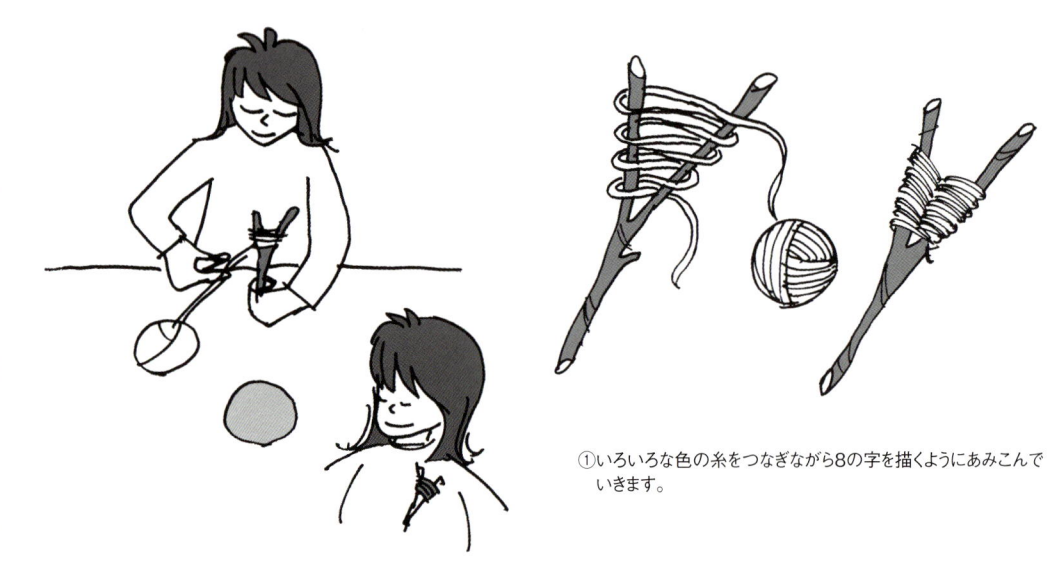

ー材料ー

ふたまたに分かれた枝　いろいろな色の毛糸　安全ピン　接着剤

①いろいろな色の糸をつなぎながら8の字を描くようにあみこんでいきます。

Chapter 4
実践プログラム集

④栗のクモの巣

栗や小枝を組み合わせたものに、中心から糸をぐるぐる巻いてゆき、くもの巣のような形を作ります。
たくさん作って保育室に飾りましょう。

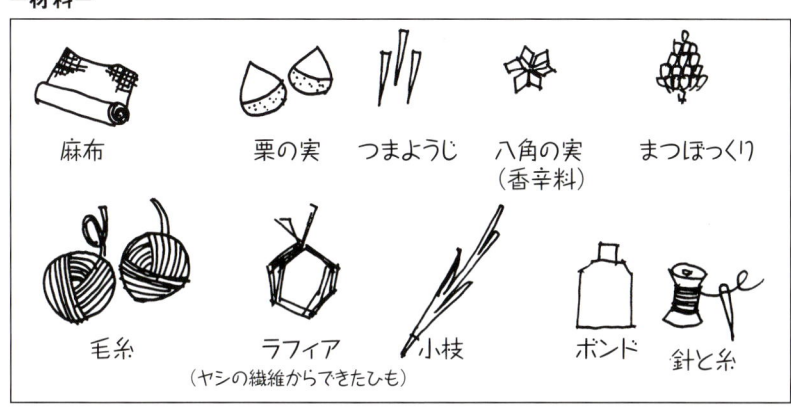

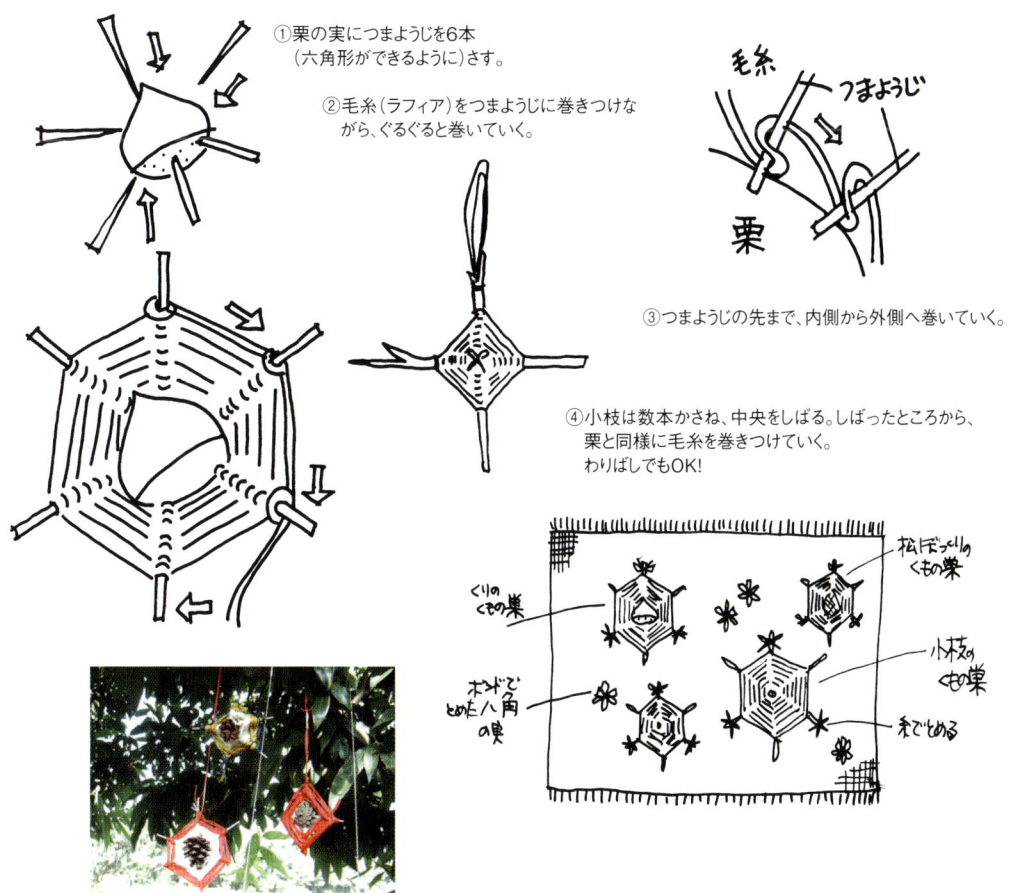

－材料－

麻布　栗の実　つまようじ　八角の実（香辛料）　まつぼっくり

毛糸　ラフィア（ヤシの繊維からできたひも）　小枝　ボンド　針と糸

①栗の実につまようじを6本（六角形ができるように）さす。

②毛糸（ラフィア）をつまようじに巻きつけながら、ぐるぐると巻いていく。

③つまようじの先まで、内側から外側へ巻いていく。

④小枝は数本かさね、中央をしばる。しばったところから、栗と同様に毛糸を巻きつけていく。
わりばしでもOK！

77

Chapter 4
実践プログラム集

⑤光と影の遊び

光は色、光のあるところには影もあります。影は見えるけど触れない、子どもにとって神秘性に富む魅力的な造形素材です。保育の中でぜひ「光と影」で遊ぶきっかけを作ってあげましょう。

部屋を暗くして、スポットライト（大きい懐中電灯でも可）を子どもに当てて、壁面やスクリーンに身体の影を大きく映し出す。
影の動きを他の子どもたちと観察してみましょう。

窓辺に色水を入れたびんやコップ、ペットボトルを置いておくだけでも、光が透けてきれい。（色水遊びをした後などに…）

Chapter 4
実践プログラム集

園庭で自分の影をよく観察してみるように、ことばをかけてみる。子どもたちが影に興味を持ったら、「かげふみ」遊びをしてみる。(鬼になる子が、他の子どもの影を踏んだら、踏まれた子どもが鬼になる。最初は保育者が鬼になってルールを説明してあげましょう。)

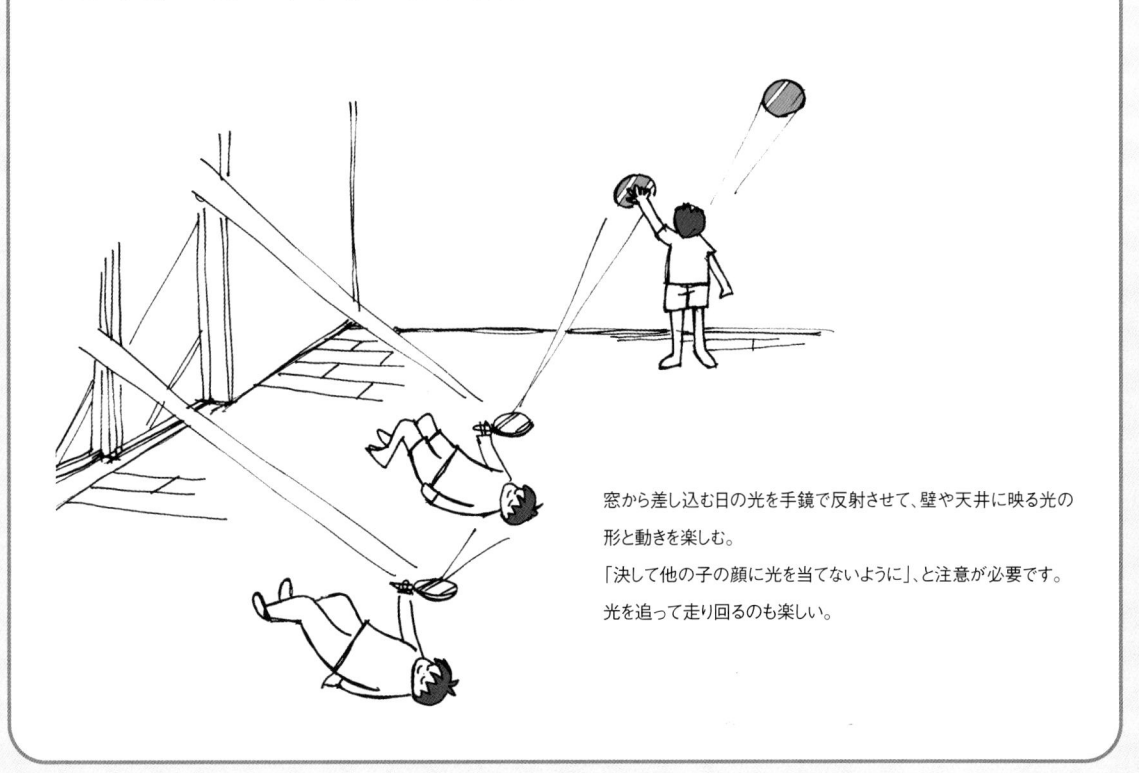

窓から差し込む日の光を手鏡で反射させて、壁や天井に映る光の形と動きを楽しむ。
「決して他の子の顔に光を当てないように」、と注意が必要です。
光を追って走り回るのも楽しい。

Chapter 4
実践プログラム集

2) 身近な素材でつくろう ①プチプチシートの木

指先でつぶすとプチッと音がすることから、子どもたちにプチプチシートを呼ばれる梱包材を使って透明感のある木を立体的に作ってみよう。

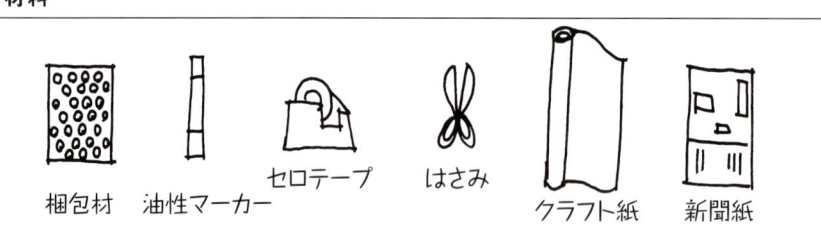

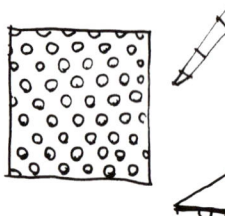

―材料―

梱包材　油性マーカー　セロテープ　はさみ　クラフト紙　新聞紙

プチプチシートに油性マーカーで着色する。

※小さい子どもたちが製作する場合は、保育者があらかじめ型（葉っぱや魚など）を切り抜いておくとよい。

クラフト紙や新聞紙を丸めて、木や枝をつくる。

できあがった作品は、できるだけ光があたって、透き通って見える場所に飾りましょう。

Chapter 4
実践プログラム集

②新聞紙の造形タワー

年長さんぐらいになると、新聞紙や折り込みチラシを細く丸めて棒を作るのがとても上手になります。たくさんの棒を組み合わせて高い塔を作ってみましょう。

－材料－

新聞紙　チラシ　セロテープ　ガムテープ　えんぴつ

えんぴつ

セロテープ

新聞紙や折り込みチラシを細く丸めて棒を作る。
いろいろな長さのものがあるとよい。

差し込む　　セロテープ

セロテープ

セロテープ
（差し込んでもよい）

※高い塔や安定した塔を作るには、下になる部分がしっかりしていることが大切です。その部分は保育者も一緒に作りましょう。（空き箱などの四隅を利用するとよい。）

上や横、斜めと強度や安定に気をつけながら
自由にどんどん伸ばしていく。

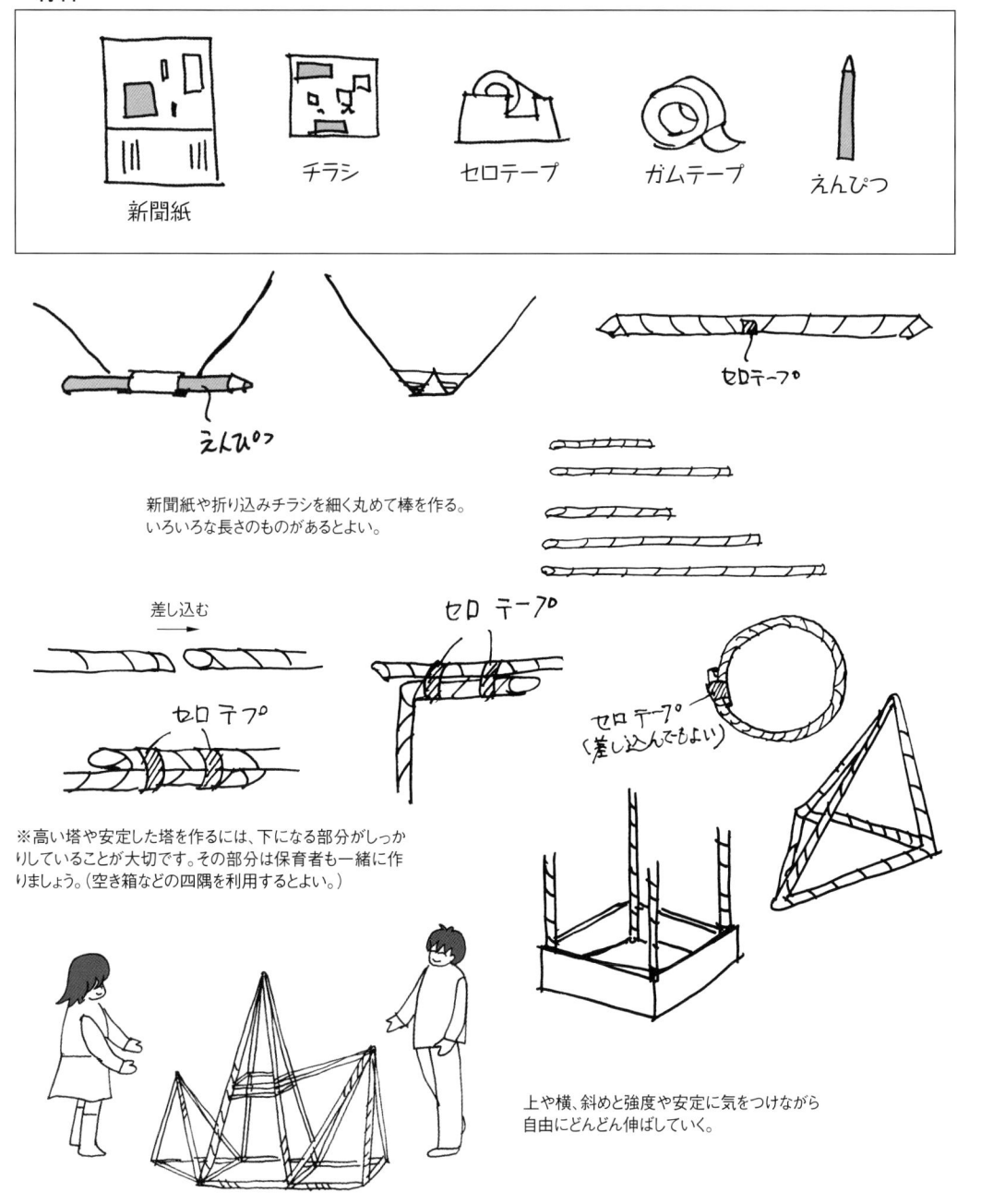

81

③小枝・わりばしペン

小枝や割りばしを自分で削ってペンを作ってみよう。

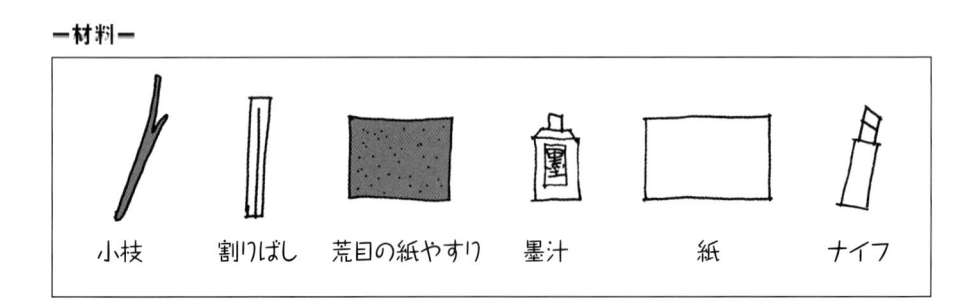

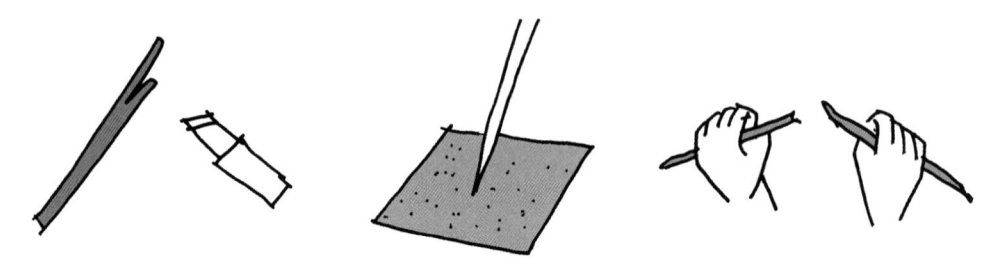

―材料―

小枝　割りばし　荒目の紙やすり　墨汁　紙　ナイフ

ナイフや紙やすりで先を削る。削れない子は折るだけでもよい。

下描きせずに墨汁などで描くとのびやかな絵になる。

※年少児にとって「写生画」は無理であるが、年長児には少し背伸びをさせ、園庭の草花、樹木、野菜、身近な小動物や人物などを見て描くことも試みたい。
対象物を理解するには、見る、触るなどしたり、時には遊んだりすることも大切である。

④ドットペインティング

点で描く。点はもっとも基本的な絵画表現の方法。「なぐり描き」の延長として試みてほしい。色彩を楽しむきっかけになる。

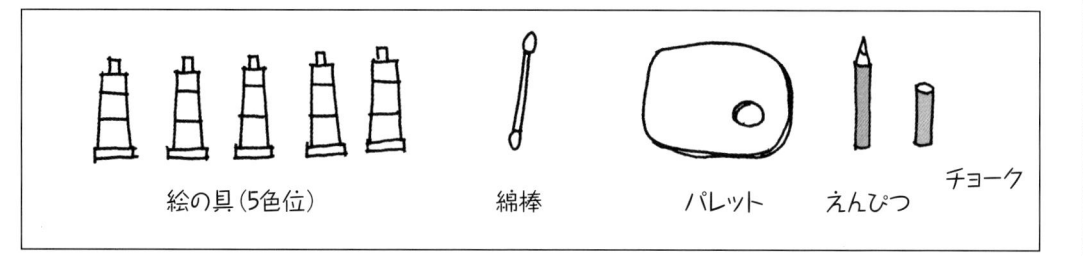

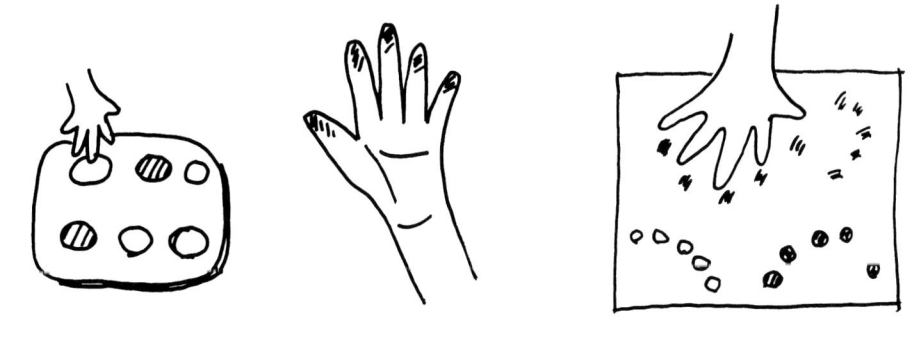

絵の具（5色位）　　綿棒　　パレット　　えんぴつ　　チョーク

（例1）パレットに5色程度の水彩絵の具を少し出し、それぞれの指に異なる色をつけ、画用紙にペタペタ押して自由な表現をする。（年少）

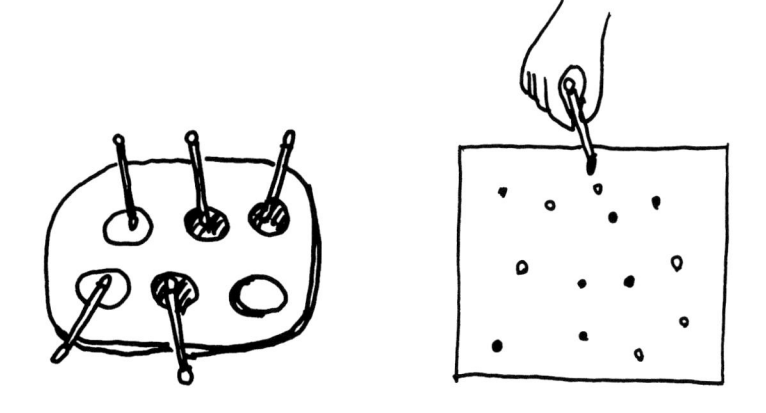

（例2）綿棒など身近な材料に絵の具をつけ、画用紙にていねいに押していく。下書きが必要な場合はチョークか4B鉛筆でうすく描く。（年中、年長）

⑤粘土でつくる　（a）ちり紙粘土

小麦粉やちり紙など身近な材料で粘土を作ってみよう。

ー材料ー

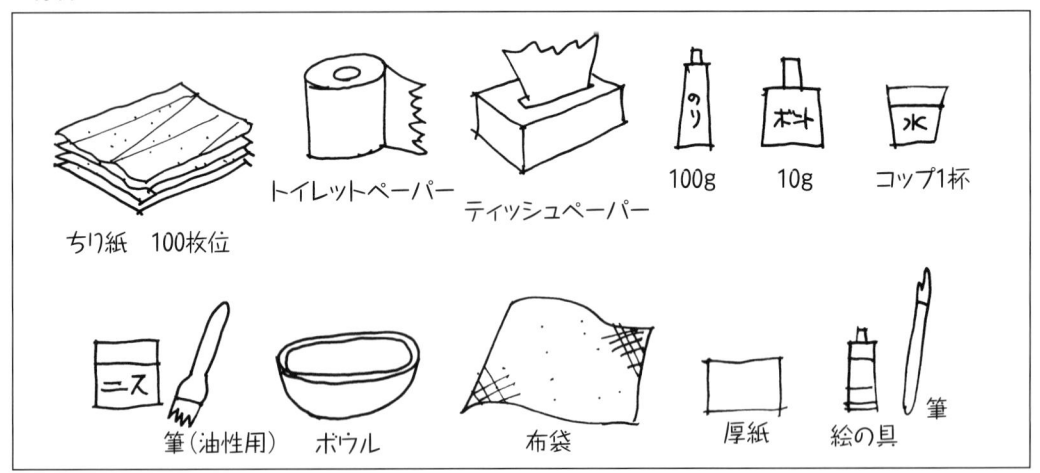

ちり紙　100枚位
トイレットペーパー
ティッシュペーパー
のり 100g
ボンド 10g
水 コップ1杯
筆（油性用）
ボウル
布袋
厚紙
絵の具
筆

①ちり紙をちぎって、水とのりとボンドを混入してよく練る。

②よく練る。やわらかいお餅の固さがよい。

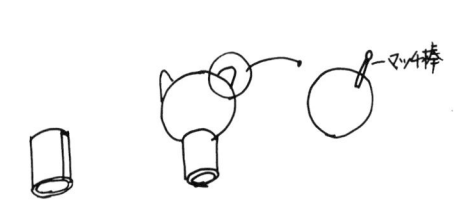

③指人形を作る。耳など取れやすい場所はマッチ棒やつまようじ、針金などで補強する。

④乾燥したら、水彩絵の具で着色し、透明ニスを塗る。

布袋

グループで指人形劇をして遊ぶと楽しい。

(b) 小麦粉粘土

－材料－

| 小麦粉 500g | 塩 500g | コップ1杯（水） | サラダオイル 大さじ1 | ボウル | 色素 |

| まっ茶粉 | カレー粉 |

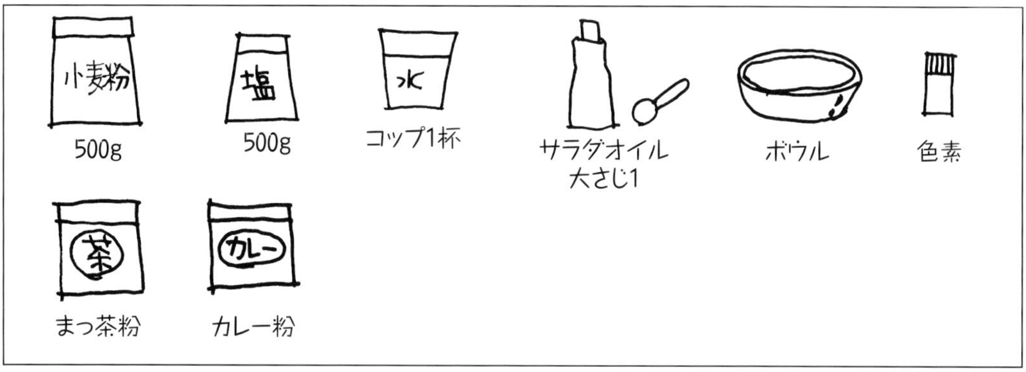

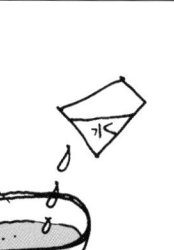

①ボウルに塩水をつくる。

②小麦粉を入れてよく練る。

③サラダ油（大さじ1杯）をいれてよく練り、小麦粉粘土の出来上がり。
※お餅の固さがちょうどよい。

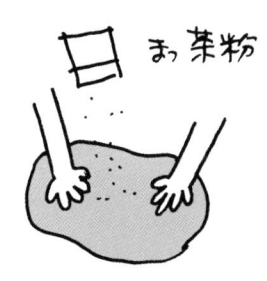

④いくつかに分けて色素をまぜる。

好きなものを自由につくって遊ぶ。

(c) くびかざり

"丸める"という動作が中心になります。市販の紙粘土には、重い紙粘土と軽い紙粘土がありますが、軽い紙粘土の方が表面や角が崩れにくく、じょうぶです。

― 材料 ―

軽い紙粘土　アクリル絵の具　竹ぐし　細い毛糸　えんぴつ　筆　絵の具皿

① 少しの紙粘土を手のひらにとって、楽しみながら丸める。

② 乾かないうちに毛糸を通すための穴を、団子の中心に太い竹串であける。

③ 粘土が乾いたらアクリル絵の具やマーカーなどで色をつける。筆で色が上手く塗れないようであれば、指で塗ったり皿の中の絵の具に直接粘土をつけても良い。

④ 絵の具が乾いたら、細めの毛糸を通して出来上がり。

＊アクリル絵の具の場合は、ニスを塗らなくてもいいのですが塗るとつやがでてきれいです。水彩絵の具には「にじまないニス」を使うといいでしょう。(市販されています)

粘土であらわす

　粘土を手にすると興味津々でこねたり、つついたり、押したり、握ったり、ちぎったり、くっつけたり、丸めたりなどと感触や行為を楽しんでいますが、最初の出会いは泥あそびや砂遊びです。開放感や感触、全身で作り上げる楽しさに、子どもたちは夢中になります。初めは描画でいうなぐりがき(スクリブル)の時期と同じといえる「何かなあ」と探索したり、つまんだり、つぶしたり、丸めたり、もて遊んだりする時期です。そして、意味づけや単純な形を表すような時期を経験し、やがて粘土に対しての作業効果を体験しながら、自分なりのイメージを形として表現するようになってきます。

　子どもたちの粘土による活動では、主に土粘土や油粘土、紙粘土などが使われます。また集合彫刻として、簡単な針金工作やモビール等も楽しい造形活動と言えます。視覚的というよりも触覚的な造形表現は、絵であらわすことと違う味があり、おおいに体験させたい活動です。

(d) ペンダント

粘土を用いていますが、平面と同じような表現となります。いろいろな形による型押しの効果がおもしろい。

― 材料 ―

軽い紙粘土　アクリル絵の具　筆　ゼムクリップ　毛糸
ふた　割りばし　えんぴつ

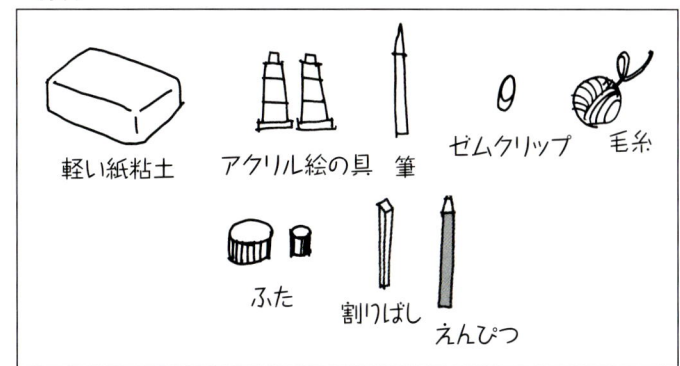

① 大きめの団子をつくり、手のひらで少しずつつぶし、おせんべいぐらいの薄さにする。

② ゼムクリップを埋め込みよく押さえておく。

③ 鉛筆やふたなど面白い形のもので、型押しして模様をつける。顔にしてもよい。

④ 乾燥したらアクリル絵の具で着色する。毛糸を通して出来上がり。
※ビーズ類などを埋め込んでもいいですが、取れやすいのでニスを塗ると取れにくくなります。

(e) 粘土を焼いてみよう ～はしおき～

土の感触を楽しみながらつくりましょう。キュウリやなすなどの野菜や魚など比較的単純な形をイメージして作ります。手でひねり出したり、ころがして成形します。よく乾燥したら七輪に炭をおこし焼きます。焼き割れすることがとても多いので、2～3個つくっておくといいです。焼くと少し小さくなります。陶芸窯があれば、釉薬をつけて本焼きしてもいいでしょう。

―材料―

焼き物用粘土 / 細めのタコ糸 / ヘラ / 七輪 / 木炭 / 軍手 / 火ばさみ / 段ボール箱 / フライパン

①適量の塊からひねり出したり、つまみ出したり、ころがしたりして形をつくる。魚のひれや動物の耳などはつけるよりつまみ出した方が取れにくい。

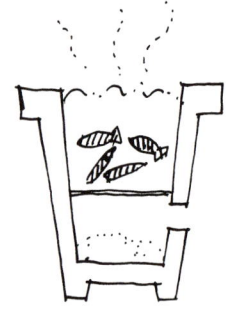

②ダンボール箱などにいれ日陰でよく乾燥させる。

③フライパンや魚焼網に作品をのせ、弱い炭火であせらずにあぶる。(20～30分)

④炭と作品を交互に重ねて入れる。温度が急に上がらないように気をつける。七輪の窓を閉めておく。

※注意：ポンッと割れる（爆発する）ことが多いので、近くに寄ったりのぞきこまないように！

⑤約2～3時間。そのまま炭が燃えてなくなり、さめるまで待って火バサミで取り出す。うまく焼けたかな？

焼き物の話し

①焼き物の魅力

　焼き物用粘土で形を作り、乾燥後高温で焼いたものを焼き物といいます。わが国では紀元前約1万年前後の縄文土器が始まりとされています。科学や技術がどんなに発達・進歩しようとも土をこねて土で作って火で焼くという、最も原始的な行為がいまだになぜ親しまれ続いているのでしょうか。それは、土の持つ素朴さや優しさ、火の持つ怖さや神秘さが、私たちの心を捉えてはなさないからです。

　子どもの造形活動において焼き物のねらいは、陶芸作品を作ることではなく粘土の感触を味わうと同時に、火の力を借りて新しいものを作るということに不思議さや楽しさ、喜びを感じることにあるのです。一連の流れを体験できることが望ましいのですが、現実には焼く場面を実際に体験できないことが多いのではないでしょうか。園に陶芸窯がある場合には、窯入れや窯出しのようすなどを見せるといいでしょう。

　火災や環境問題の面から難しいかもしれませんが、落ち葉を集めて焼き芋を焼くように、小さな火の中で野焼きなどするのも楽しいでしょう。この本で紹介したように市販の七輪と炭でも焼くこともできます。実際に体験することにより興味と関心をより高めることができます。もっと詳しく知るにはインターネットや関係の書物が出ていますので研究してみてください。

はと笛　（学生作品）

②焼き物ができるまで（一般的な方法）

- **粘土を練る**：柔らかさを均一にして粘土の中の空気を抜きます。空気が入っていると焼成中に空気が膨張して割れてしまいます。
- **形を作る**：手びねり、ひも作り、板作り、ロクロ作りなど
- **乾燥**：日陰でゆっくりと乾燥させる。
- **素焼き**：650度から800度くらいの温度で焼く。
- **施釉**：釉薬をかける（いろいろな種類があります）。
- **本焼き**：1,200度から1,300度ぐらいまで上げて焼く。釉薬は溶けてガラス質に変化します。
- **完成**：窯の中がさめてから取り出し出来上がり。

Chapter 4
実践プログラム集

（3）遊ぶものをつくろう
1）飛ぶものをつくる

楓の種子をみたことがありますか。風の中をくるくる回って地上に落ちてくる実（種子）ですが、ヘリコプターや竹とんぼによく似ています。プロペラは楓の種子をヒントにできたといわれています。散歩道に楓の木があったら見上げて探してみてください。初夏から秋頃まで見ることができます。実際に実物を見ながら作ると楽しいのですが、なければ楓の種子の写真を見たり、お話しながら作ってみましょう。

①三角トンボ

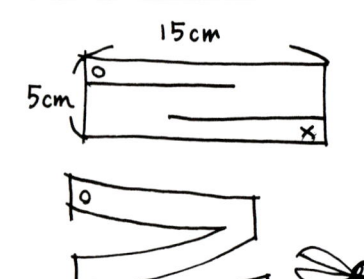

ー材料ー
画用紙　古はがき　クリップ　はさみ

①15cm×5cmの画用紙や古はがきに図のように切れ込みを入れる。

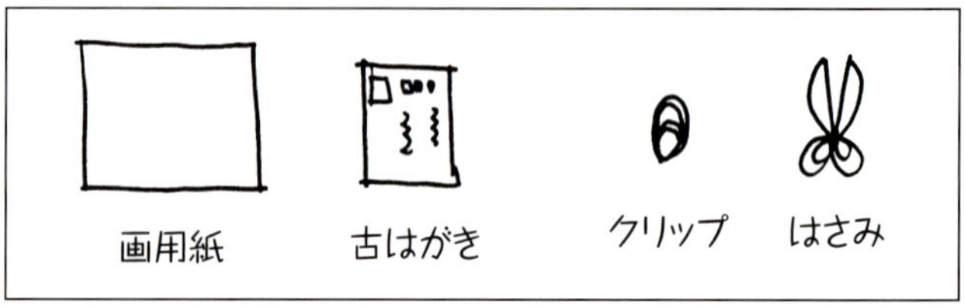

②図のように印の部分を重ねてゼムクリップでとめる。安全に気をつけて高い所から落としてみよう。

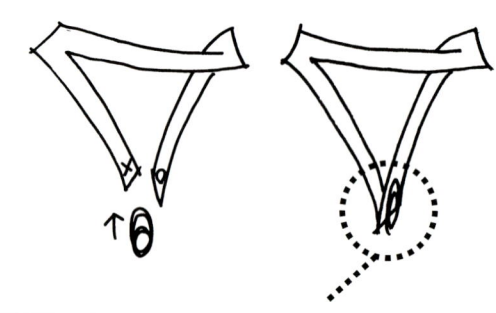

クリップの数により飛び方がかわる。

②くるくるトンボ

用意するもの：上の三角トンボと同じ

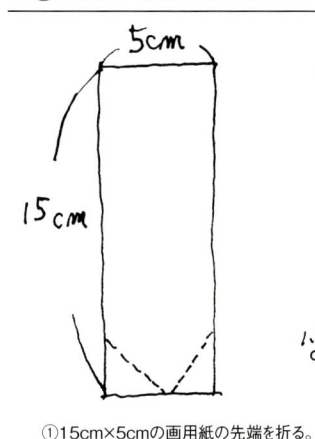

①15cm×5cmの画用紙の先端を折る。

②図のように中心線を切り、折り線をつけてから左右を合わせる。下部をもう一度折る。

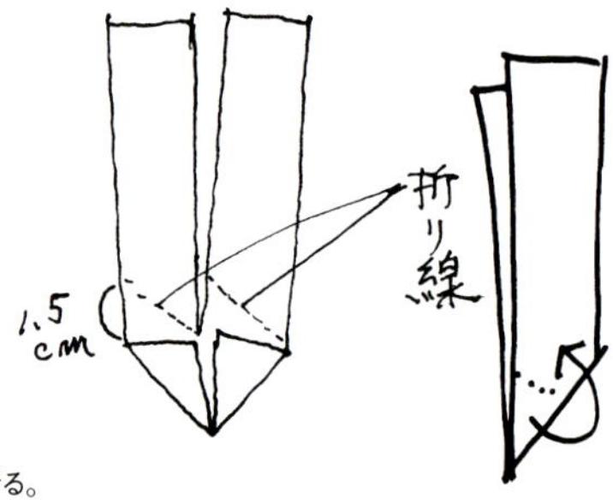

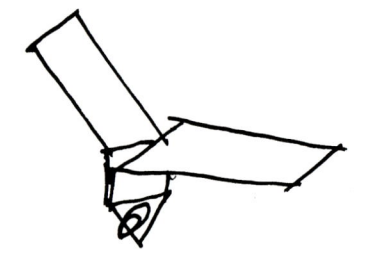

③折り線で左右に開き、下記をゼムクリップでとめる。安全に気をつけて高い所から落とす。くるくる回りながら落ちてくる。

③紙トンボ

牛乳パックで作りますが、竹トンボと同じようによく飛びます。

ー材料ー

牛乳パック　ストロー　はさみ　ホチキス　セロテープ

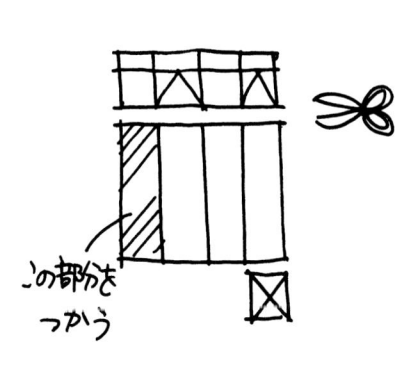

①牛乳パックの注ぎ口と底をとって開く。
この部分をつかう

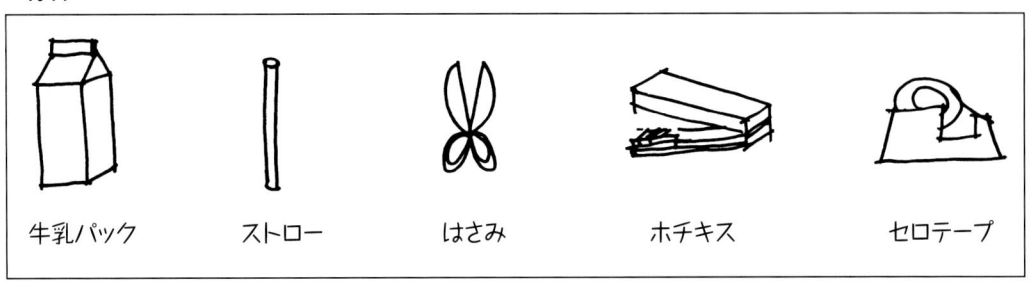

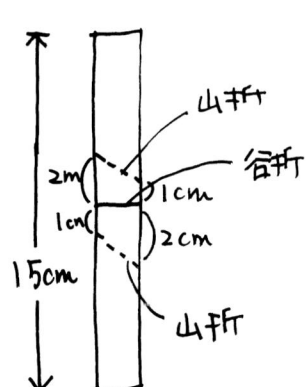

②開いた牛乳パックから15cm×2cmの長方形を切り取る。

③図のような折り線を入れる。（保育者が入れた方がよい）

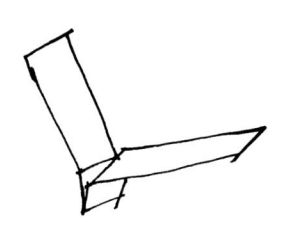

④折り線をもとに図のように折る。

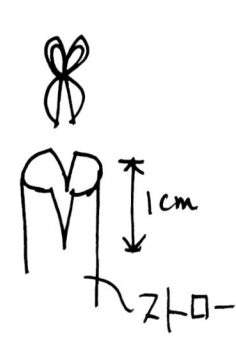

⑤ストローの先端を約1cm切る。

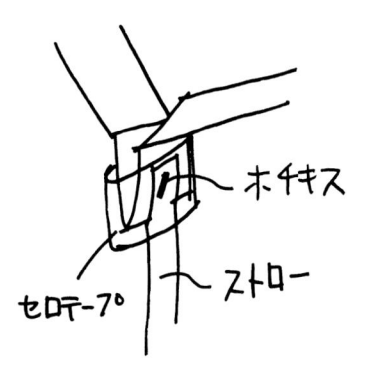

⑥切り込みを入れた部分に④の羽根を差し込みホッチキスで固定し、セロテープで補強する。

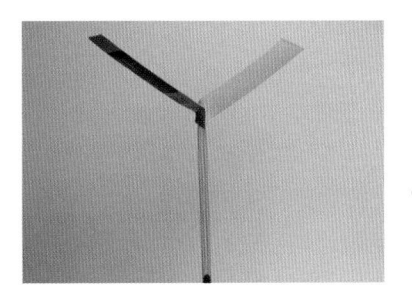

⑦ストローの部分を、手のひらで回転させて飛ばす。回転の向きが大切。

Chapter 4
実践プログラム集

④折り紙をつかって

折り紙1枚からできる簡単なものから、ちょっと難しいものまで3つ紹介します。どれもよく飛ぶのでびっくり。

ー材料ー
折り紙　セロテープ

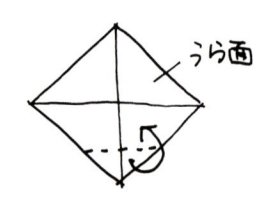

①折り紙の対角に折り線をつける。

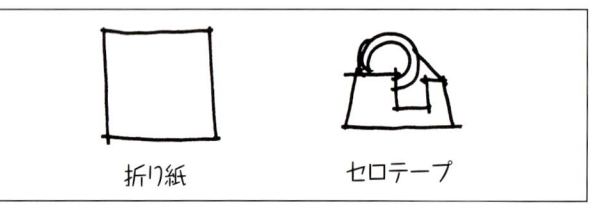

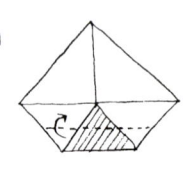

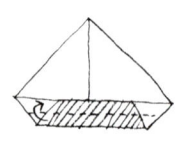

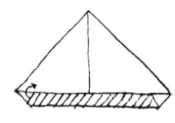

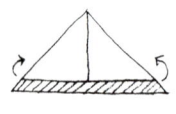

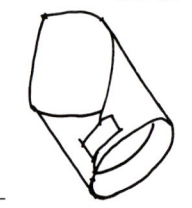

②折り紙の半分を順に細く折っていく。

③円柱のように丸めてセロテープでとめる。そっと投げるようにして飛ばしてみよう。

⑤輪切りの飛行機

ー材料ー
紙コップ　ストロー　セロテープ　はさみ

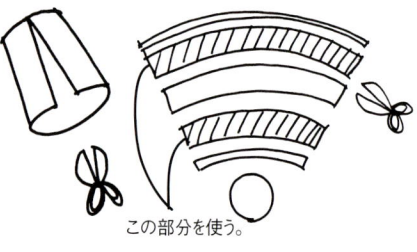

この部分を使う。

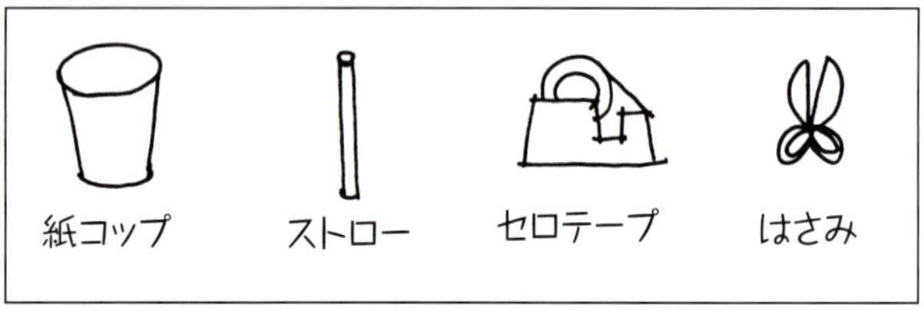

①紙コップを開いて、はさみで図のように切る。

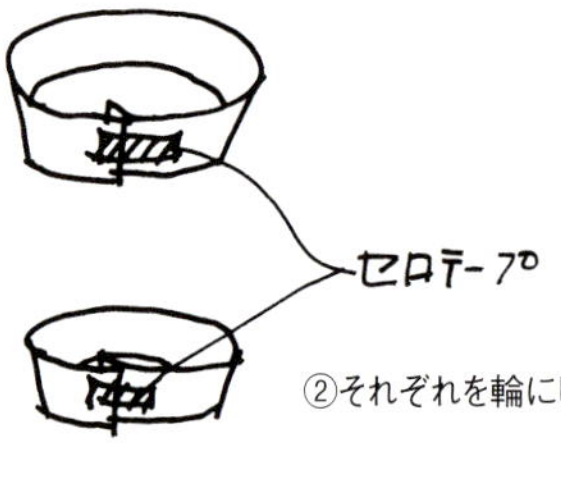

②それぞれを輪にしてセロテープでとめる。

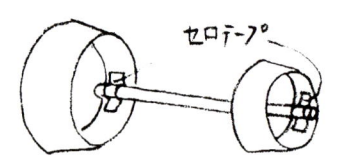

③ストローの両端に輪をセロテープでとめる。(輪の向きやゆがみに注意する)

④どの向きで飛ばしたらよく飛ぶか、試してみよう。

Chapter 4
実践プログラム集

⑥ よく飛ぶフリスビー

子どもだけではやや難しいところもあるので、保育者も一緒に作りましょう。

―材料―

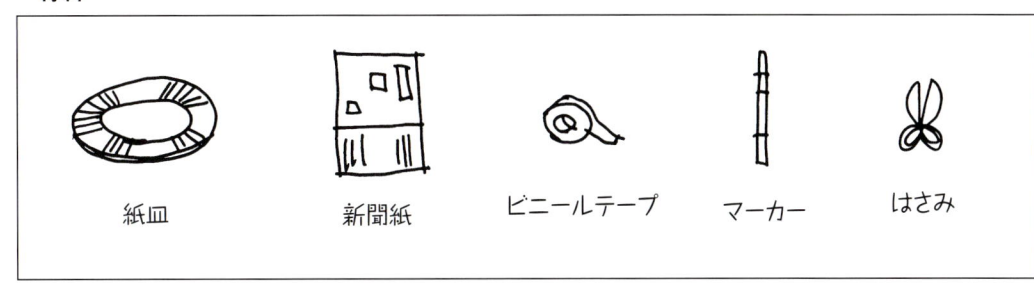

| 紙皿 | 新聞紙 | ビニールテープ | マーカー | はさみ |

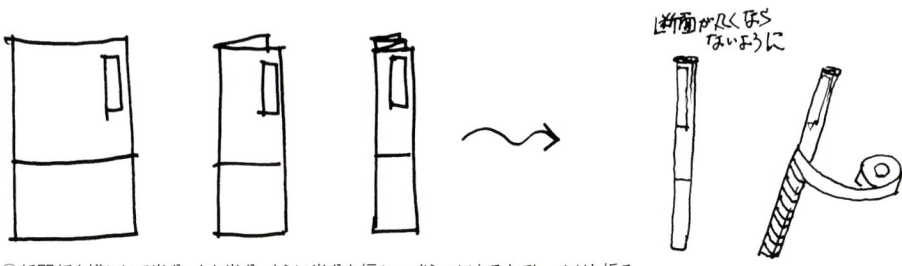

①新聞紙を横にして半分、また半分、さらに半分と幅1cmぐらいになるまでしっかりと折る。

②棒状にした新聞紙にビニールテープをぐるぐる巻く。

※断面が丸くならないように

③端と端をビニールテープでとめて輪にする。

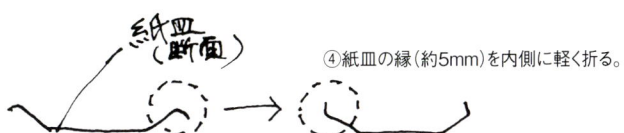

④紙皿の縁（約5mm）を内側に軽く折る。

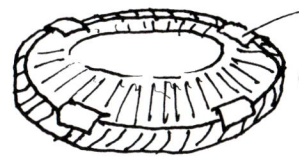

⑤紙皿と輪にした新聞紙をビニールテープで仮止めする。（仮どめ）

⑥周囲をビニールテープでつける。紙皿にマーカーで絵や模様を描いてできあがり。

⑦まわりに気をつけて飛ばしてみよう！よく飛ぶのでびっくり!!

Chapter 4
実践プログラム集

2）ポップアップカード　〜ぱくぱくするおくち〜

造形関係でいう「ポップアップ」とは、カードや絵本でおなじみの飛びだしたり、動いたりするしかけのことを総称していいます。開くと"アッ"という驚きと共にとても楽しい気持ちになります。ここで紹介するのは最も基本的なポップアップのしかけの一つです。

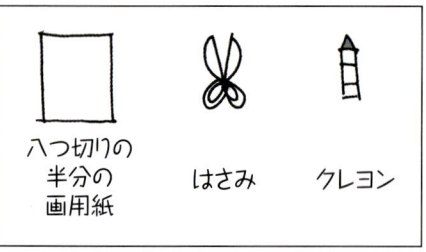

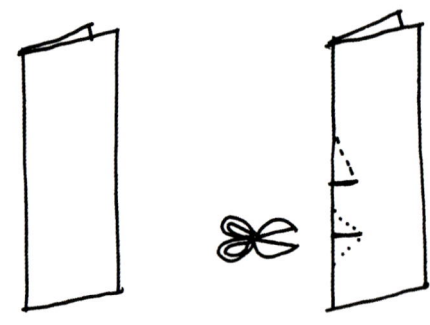

−材料−

八つ切りの半分の画用紙　はさみ　クレヨン

①画用紙を半分に折る。

②口や鼻の部分ははさみで切る。（鼻は半分ぐらいの位置、口はその下に）

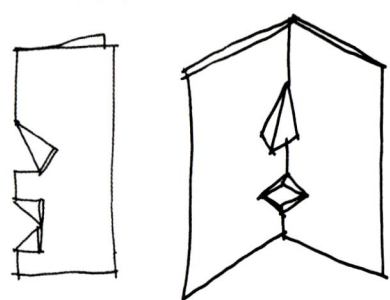

③折り線を入れてから口と鼻を押し出す。（裏に画用紙を貼ってもよい）

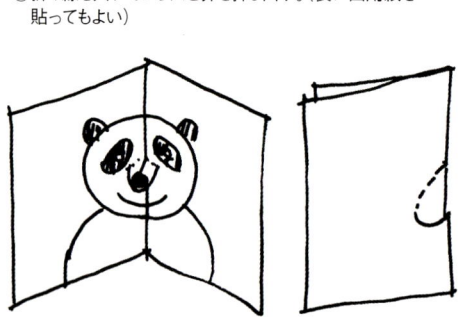

④お父さんやお母さんの絵をクレヨンで描く。

切り込みの角度や位置、大きさなどをくふうすると楽しい動物の顔にる。

3) コマに色をつけて回そう

子どもたちは、くるくる回るコマが大好きです。厚紙（工作用紙）とつまようじでコマを作って遊びましょう。
マーカーやクレヨンで色を塗ったり、折り紙を貼ります。回すとどのように色が変化するか楽しみです。

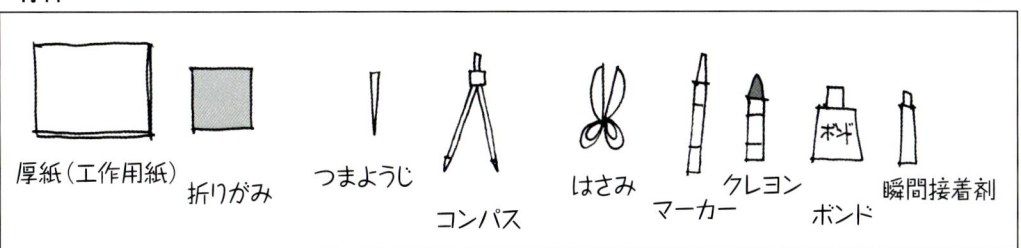

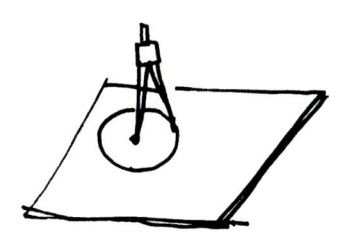

―材料―

厚紙（工作用紙）　折りがみ　つまようじ　コンパス　はさみ　マーカー　クレヨン　ボンド　瞬間接着剤

①厚紙にコンパスで半径3〜4cmの円をかき、中心に印を付けておく。正方形や正三角形、星形などもいい。（方眼のついた工作用紙は便利。）

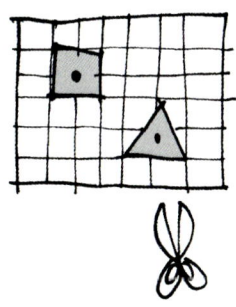

②できるだけ線に沿ってはさみで切る。厚いのでちょっと難しい。

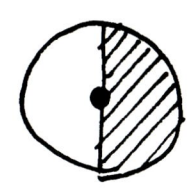

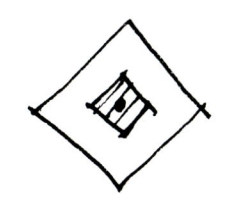

③マーカーやクレヨンで色をつける。2〜3色で大柄な模様の方がよい。折り紙を貼ってもよい。

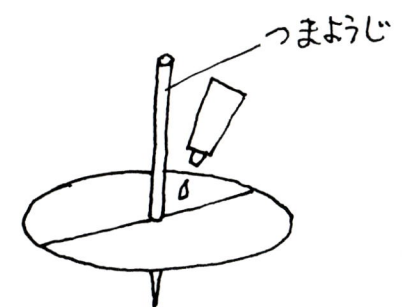

④つまようじをまっすぐさしこみ、瞬間接着剤か木工ボンドで固定する。瞬間接着剤の扱いには要注意!!
乾いたら回してみる。色はどのように見えるかな？

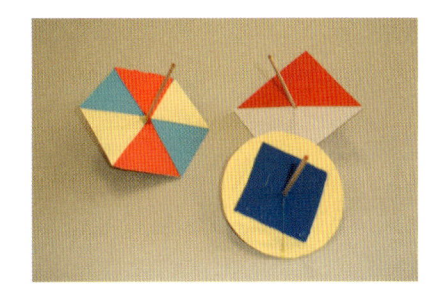

Chapter 4
実践プログラム集

Chapter 4
実践プログラム集

（4）保育者がつくって見せる
1）パネルシアター

パネルシアターは、パネルの上で絵人形を貼ったり取ったりしながら歌やお話をして見せる簡単な人形劇です。舞台（パネル）も絵人形も不織布を使用します。

－材料－

パネル布・Pペーパー・鉛筆・黒の油性ペン・絵の具・はさみ・ボンド・糸など

①下図集の中から作品を選び鉛筆でPペーパーに写す。

②絵の輪郭線を黒の油性ペンで描く。

③絵の具で彩色する。

※その他、窓開き、糸つなぎ、重ね貼りなどの仕掛けがあり、絵人形に動きや変化が出せるブラックパネルには蛍光絵の具を使用する。

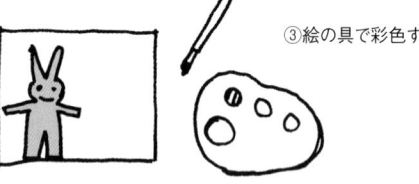

④はさみで切り完成。

舞台パネルの作り方

パネル布を発泡スチロールやベニヤ板に張ってイーゼルに立て掛ける。

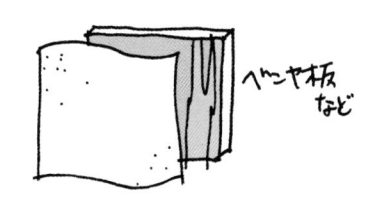

2）ペープサートであそぼう

ペープサートとはペーパーシアター（紙人形劇）を短くした名称です。身近にある材料を使って子どもでも簡単に作って劇遊びを楽しむことができます。

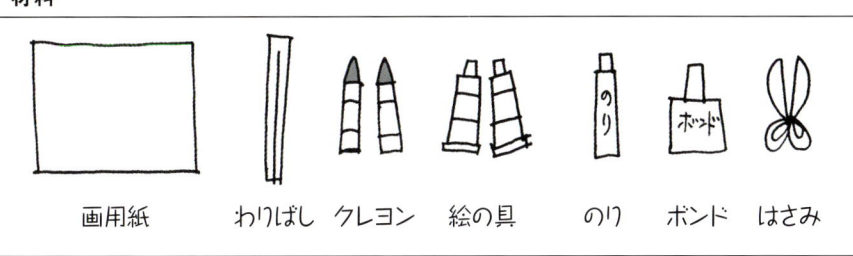

―材料―

画用紙　わりばし　クレヨン　絵の具　のり　ボンド　はさみ

①画用紙に登場人物や動物の絵を描き、絵の具、クレヨンなどで彩色する。

②2枚の紙に前姿と後ろ姿（または左向きと右向きなど）を描き、間に割り箸を差し込んでのりづけする。

演じ方

①割り箸の部分を手に持ち、数枚の絵を持ち替えながら歌ったりお話をする。

②複数で役割を分担して劇として演じる。

Chapter 4
実践プログラム集

3. 幼児の発達に即して指導案の事例を考える

「保育指導案」は、保育者が保育する場面を想定しながら作りあげる計画案です。これを基にして保育の実践を進めてゆきますが、私たち保育者が関わっている子どもたちは一人ひとり発達のようすも興味も異なります。クラスの中で、月齢差や個人差を配慮しながら、その発達に即した指導案を考えてください。

"このプログラムは5歳児にしかできない"とか"3歳はしてはいけない"といったことはありません。大切なことは、「どのようにすれば」3歳児に、あるいは5歳児に"ふさわしいやり方になるのか"と考え、くふうすることです。

また、活動の前に、必ず一度自分で体験しておくようにしてください。子どもたちが安全に楽しく作業するために、活動の流れをスムーズにするために、"どんな点に注意したらよいか"とイメージしながら行ってみるとよいでしょう。

以下、おおまかな目安としての年齢別指導案の事例を挙げてみます。

1) フィンガーペインティング (2〜3歳児)
ねらい：形にとらわれず、絵の具の感触を楽しみ、開放的に遊ぶ。

《フィンガーペインティング》

時間	予想される幼児の活動	環境構成	保育者の援助・配慮
30分		絵の具作り 机にシートを敷く （新聞紙などをテープで固定）	
20分	保育者と一緒に絵の具に触ってみる	中古カレンダーの裏 フィンガーペインティング用の絵の具	幼児と準備しながら活動に期待が持てるよう言葉をかける 絵の具に触りたがらない子がいたら、寄り添って一緒に描いてみる
	用紙の上にしぼりだし、自由に描いてゆく	プリント用の半紙 （画用紙）	子どもが描いたスクリブルの上に半紙を押し当てて、転写して乾かす
10分	保育者と共に片付け		一緒に片付けることを楽しむようにする

【フィンガーペインティング用絵の具の作りかた】
①でんぷんのりをボールに入れて、ハンドソープを少し加え、絵の具(ポスターカラー・水彩絵の具・食紅のいずれか)を混ぜる。
②コーンスターチと水を鍋に入れて、弱火にかけ、ヘラでしばらくかき回す。(火にかけすぎると、冷めてから固くなってしまうので注意!) 粗熱をとってから色素を入れる。

※活動のさいの注意点
(a) フィンガーペインティングに使う紙は、アート紙(カレンダーの裏などツルツルした紙)がよい。作品として残したい時は、画用紙に描くようにする、あるいはアート紙に描いた絵に、半紙など、他の紙をのせて転写するとよい。
(子どもの指が動いた通りの面白い描線がくっきりと写しとれる)
(b) 活動前に「アトピー性皮膚炎」など、皮膚疾患のある子がいないかどうか注意してから行うこと。
(c) 汚れてもよい服装で活動すること。

2) シャボン玉アート (5歳児対象)
ねらい：シャボン玉の色と形の面白さを楽しむ。指先の動きや息の吹き込みかたに集中して、注意深く自分の身体をコントロールする。

《シャボン玉アート》

時間	予想される幼児の活動	環境構成	保育者の援助・配慮
10分	保育者の作業を見て話を聞く	画用紙・シャボン玉液・ストローの準備	実際に作業して見せながら、注意点を話す
20分	画用紙の上にシャボン玉をふくらませていく		子どもたちのやり方に注意して、うまくいかない子の援助にまわる
10分	シャボン玉液の入った紙コップの縁からあふれるよう「ぶくぶく」シャボン玉をふくらませる。その上に別の画用紙をのせシャボン玉の色と形を転写	別の画用紙を配る	子どもたちがシャボン玉液を吸い込まないように注意する
10分	保育者と共に片付けみんなで見せ合う		出来上がった作品を乾かす
乾燥したら、効果的に作品を展示してみる（壁や天井などに）			

・造形活動に入る前に、シャボン玉遊びを十分にしてみましょう。
・製作後に、友だちのシャボン玉絵をつぶさないよう気をつけながら、フェルトペンなどで自由に描き加えをして共同作品としてもおもしろいでしょう。

【シャボン玉液のつくりかた】
① 安全な石けん(界面活性剤の多く入っている合成洗剤は使わない)を適量の水で薄め、絵の具(水彩かポスターカラー)を少量入れてシャボン玉液を作り、小さな紙コップかプリンやゼリーなどの空容器に分けて使う。(2～3色作る)
② 市販されているシャボン玉液に絵の具を少量混ぜて使ってもよい。
(日本玩具安全協会の「STマーク」の付いているものを選ぶようにする)

※活動のさいの注意点

子どもがシャボン玉液を飲まないように、じゅうぶん注意する。
(ストローの上部にわずかに切れ込みを入れておくと、液が上に上がるのをある程度防ぐことができる)

図4-15：シャボン玉で遊ぶ（1歳9ヶ月）

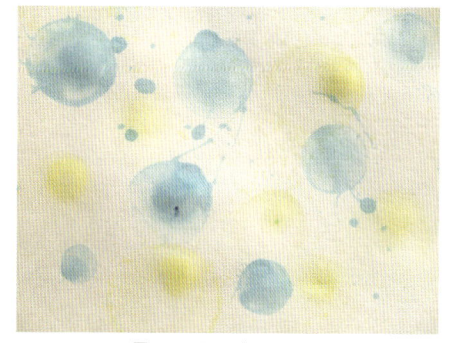

図4-16：シャボン玉アート

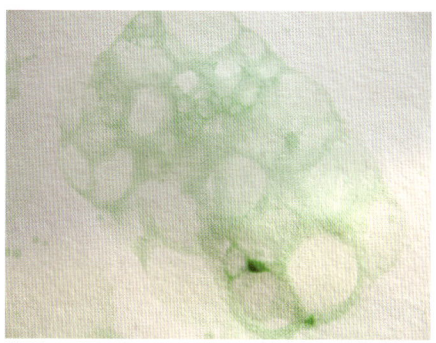

図4-17：シャボン玉アート（2）

Chapter 4 実践プログラム集

4. 年間指導計画案（造形表現を中心として）　4〜5歳児対象

月別	テーマ	活動内容	留意点・技術	材料・用具など
4月	クレヨンによる自由画	自由に描く	一人ひとりの自由な表現 活動のようすを見る	クレヨン 自由画帳や不要の紙
	スタンピング P66・67参照	版画	手、足型・びんのふた・葉っぱ・スポンジ・段ボール・野菜の型押し	小皿にガーゼをたたみ、絵の具をしみ込ませたスタンプ台
	はり絵	飾る（デザイン的技法）	色和紙をちぎって、画用紙の上に自由に貼りつける のりづけの加減を覚える	八つ切り画用紙・色和紙・のり
	小麦粉粘土でつくる P85参照	粘土造形	小麦粉粘土をつくる。自由に造形する	小麦粉粘土
5月	大好きな人の顔を描く（母の日によせて）	観察画	クレヨンで線描きをしてから、水彩を併用して「はじき絵」で表現する	クレヨン・水彩
	折り染めあそび P72参照	飾る	障子紙をたたむ、ねじる、丸めるなどして、色別に染める色のにじみや混色を楽しむ	障子紙・絵の具 小皿
	円柱や角柱をつくる	紙工作	色画用紙を自由に切って、円柱・三角柱・四角柱を作ってそれらを立てたり、横にしたりして遊ぶ	はさみ・色画用
6月	雨ふりの絵 P83参照	ドットペインティング	水彩絵の具を指や綿棒につけ、画用紙に押してゆく	絵の具 綿棒・画用紙
	おもちゃをつくる P90〜93参照	工作	紙トンボやフリスビーを作る	紙・紙皿
	家族や友だちと遊んだ絵	生活画	園の行事（プレイデイや保育参観）の楽しかったことを描く	
	粘土で動物をつくる	粘土造形	自分の好きな動物を作る 動物の動きをとらえる	粘土・竹べら・芯棒
7月	海の中を描く	想像画	海の中のようすを話し合う 海の中にいる生き物を想像して自由に描く	クレヨン・水彩 併用
	七夕飾りをつくる	紙工作	共同作業で伝統的な七夕飾りを作る。折り紙、輪つなぎなど美しい形を作ってささ竹に下げる	色画用紙・色紙 ささ竹
	水遊びをしている人を描く	生活画	水遊びをしている友だちなどを見て、自由にのびのびと描く	サインペンで線描し、絵の具で着色
	プチプチシートで海の生きものをつくる	飾る	半透明でデコボコの質感を活用する	油性マーカー プチプチシート

Chapter 4
実践プログラム集

９月	夏休みの思い出を描く	生活画	夏休みに楽しかったことを思い出して自由に描く	クレヨン・水彩併用
	マーブリング P71参照	版画	水面の美しい模様を写しとる	水入れ（バット） 染め液・障子紙
	木工あそび	木工作	木工材を使って、自分の好きな建物やタワーを作る	木工材・ボンド 釘・トンカチ
	虫を描く・作る	観察する	トンボや蝶など虫を見たり、思い浮かべたりして、ていねいに描く	サインペン・水彩
１０月	プレイデイ （運動会）	紙版画	人物を大きく単純な形で、力強く人の動きを鉛筆で描く はさみで切り取り、台紙に貼る	はさみ・のり・版画用具
	くもの巣織り P75参照	巻く・織る	8角形に組んだ小枝やわりばしに毛糸を巻いていく	栗・小枝やわりばし
	布人形をつくる	工作	残り布を使って小さな人形を作る	布・竹串・ボンド
	人形を作る P59参照	紙工作	封筒を使って人形を作る	茶封筒
１１月	素材の質感を描く P70参照	フロッタージュ	園外にお散歩に出かけ、葉っぱや樹皮、などの質感をこすり出す	クレヨン・色えんぴつ
	落ち葉はり	コラージュ	きれいな落ち葉を持ち寄ってグループで大きな紙にはりつける・色紙も加えて美しい画面を作り上げる	画用紙・色紙
	お話の絵を描く	構想画	お話を聞く・小筆に墨汁をつけてのびのびと形をかく・クレヨンや絵の具で着色する	四つ切り画用紙
	花瓶をつくる	デザイン	空き瓶（なるべく面白い形のもの）に油性塗料で美しく色をぬる	空き瓶・油性塗料・ニス 筆
１２月	友達の顔を描く	観察画	友達と向かい合っておたがいに顔を描きあう	八つ切り画用紙 鉛筆・水彩
	光と影の遊び （ステンドグラス） P113参照	紙工作	横長の色画用紙に、様々な形の穴をあけて色セロハンをはる。窓に飾って「ステンドグラス」にする	色セロハン・色画用紙・はさみ・のり
	はしおきづくり P88・89参照	焼きもの	比較的簡単にできる 火と土の造形活動を行う	
	冬の思い出	生活画	冬休みの楽しかった生活体験を描く	クレヨン・水彩 併用
１月	コマづくり P95参照	工作	きれいなコマを各自作る	
	デカルコマニー 糸引き絵 P69参照	版画	絵の具をたらした後、紙を2つ折りにして押さえる・絵の具をつけた糸を紙にはさんで引っぱる	ケント紙・絵の具 木綿糸

103

Chapter 4
実践プログラム集

1月	ダンボール箱造形あそび	工作	ダンボールを好きなように組み合わせて、家や乗りものなどを作ってみる	ダンボール箱 ガムテープ
	夢の世界	想像画	夢や空想の世界を自由に発展させて、幻想的な絵を描く	クレヨン・水彩 併用
2月	お面をつくる	紙工作	鬼や動物のお面を作って楽しくあそぶ	画用紙
	雪の日の絵を描く	生活画	雪の日の景色や、雪だるま、雪合戦など自由な主題で描く	クレヨン・水彩 併用
	スクラッチ P65参照	デザイン	画用紙にクレヨンで色をぬった上に、黒や紺を塗り重ね、画面をくぎでひっかく	画用紙・クレヨン くぎなど
	コラージュ	デザイン	広告紙・布・毛糸・グラビアなど自由にはりつけて美しい画面をつくる	白ボール紙 のり
3月	おひなさま作り	粘土造形	紙粘土でひな人形をつくり、乾いたら着色する	紙粘土・えのぐ
	遊びを描く	生活画	どんなことをして遊ぶか話し合う。人物が小さくならないように大きく描く	クレヨン・水彩 併用
	大きな木をつくる P80参照	工作	描いた葉や、実、作った鳥なども飾る	セロテープ・新聞紙 プチプチシートなど
	アクセサリーをつくる P86・87参照	粘土・自然物	紙ねんどや木の実などを使って、ペンダントブローチなどを作る	各自で材料を準備する

図4-18：紙版画

図4-19：大きい木

5. 評価の手がかり

　子どもたちの造形表現活動を、心の表れであり人間形成の基礎と位置づけているなかで、活動や結果としての作品に対してどのように評価したらよいかとても難しい問題です。しかし、活動の目的やねらいがある以上、それらがどのように達成できたかどうかを評価・反省し、次への目標の手がかりとしなければなりません。

　評価は、ある物差しに当てはめて子どもの優劣を付けるためや相対的にみるためのもではなく、保育・教育活動の一環として行われるもので、大きくわけて二つあります。

　一つは、いわゆる教育的評価であって、その子どもをよく知ることから始まります。結果としての作品を見る前に、一人ひとりの個性や発達、家庭環境等を踏まえ、特に活動過程を重視しながら、精神的な成長も含め総合的にみることです。成長発達の著しい幼児期にあっては、造形に関しての発達段階を理解し、さらに時間的・継続的な流れのなかで見守り導くことが大切です。

　そしてもう一つは、造形性や芸術性といった作品についての評価です。前述の教育的評価と矛盾するようですが、決してそうではなくより豊かな造形性や芸術性めざすことが、おのずと人間性の陶冶に関わるわけですから適切な評価が求められ、それに基づいた指導がなされるのです。そのためにも指導者としての研修を重ね、美的感覚や造形感覚を高めると同時に、評価基準についての考えを確立していきたいものです。

　具体的に評価の手がかりについて、重要と思われる観点をいくつか述べてみます。

図4-20：大きく堂々と（5歳）

（1）子どもの活動について

①表現意欲(自主性、積極性)

　造形活動は強制されたり命令されたりして行なうものではなく、自発的で自由な心の表現である以上、自ら描きたい、作りたいという意欲や態度は評価の重要な観点になります。表現への意欲は、豊かな創造性や個性の伸長の土台になります。

②創造性と個性(創造性、想像性、個性)

　固定した表現や概念的な表現、あるいは人のまねをする表現ではなく、豊かな発想や工夫、個性的な表現がされているでしょうか。これらのことは造形活動の最も重要な観点であり最も伸ばしたい力です。

③一人ひとりの発達段階に相応しい活動
　(それぞれの成長)

一人ひとりの個人差や個性、発達の違いなどを踏まえながら、表現方法や手仕事がその子自身、着実に発達し成長しているかどうかを注意深く見守っていきたいものです。

図4-21：くわがたむし（6歳）

④思考力、観察力(考えることや見る力)

成長や発達とともに物事をいろいろな角度から考えたり、想像したり、記憶したり、作業の手順や方法を考えたりする力です。また、対象をよく見つめ、発見し理解する力です。造形表現活動だけでなくあらゆる活動に求められます。

⑤集中性と完成度(落ち着き、誠実さ、根気強さ)

図4-22：ぐるぐる池（5歳）

子どもの造形表現では、結果よりも過程が大事であることは言うまでもありません。しかし、それは結果がどうでもよいということではなく結果至上主義、作品主義を戒めたものです。子どもなりに集中して最後まで描き上げたり作り上げた作品は、達成感と喜びに満ちたものとなり、その経験や気持ちは次の新たなものに立ち向かうたくましい力となります。同時に、このような積み重ねは根気強く落ち着いた心情を育むことになります。

⑥健康(明るさ、たくましさ、のびのび)

子どもの造形活動は活発であり、元気でたくましくのびのびとしたものであって欲しいとは誰もが願うものです。行き過ぎた指導の中や消極的な姿勢からは生まれてきません。

(2) 望ましい作品について

①創造的で個性豊かな作品

概念的・類型的ではない作品、その子の持ち味が表れ自由で明るい作品が望ましいことはいうまでもありません。たとえ造形的に問題があっても、成長すると堂々とした造形表現ができるようになるでしょう。

②生き生きとした子どもらしい素朴な作品

子どもの感情にあふれた線や形・色などで表現された造形作品はとても素晴らしいものです。どんなに上手に見えても、生き生きとした子どもらしい感情が表れていない作品は好まし

くありません。

③誠実さのこもっている作品
　機械的あるいは表面的なきれいさや丁寧さというのではなく、自らの目標にむかって意欲的に取り組み、工夫や努力の跡がみられる作品です。

④子どもらしい発想や、作る喜びに満ちている作品

図4-23：葉っぱの上のカエル（6歳）

　何を表現し、何を作るか、というねらいが明確であると共に工夫やアイデアがみられ、描くことや作ることに楽しみや喜びが表れている作品であって欲しいものです。
　以上、評価の手がかりについてをいくつか挙げてみましたが、いかに造形表現活動が人間形成と密接に関わっているかということを改めて認識することができます。

6. プロジェクト活動　―子どもが主役の造形活動―

　先に挙げた造形のためのさまざまな技法を伝えるプログラムの他に、日々の生活の中で、子どもたち自身が自分たちで表現するために、それらの技法を組み合わせて行うような「つながりのある」保育活動も大切です。
　これは「プロジェクト」あるいはテーマ保育と呼ばれるもので、共通の関心をもつテーマ(トピック)を小グループで話し合い、観察したりしながら各々の子どもがさまざまに表現していく、その過程を大切にするものです。
　対話や探索が共にできる少人数(4～6人)のグループで、興味のあるひとつのテーマを数週間から数か月継続して調査したり、話し合いを重ねたりして、それぞれ表現しつつ認識を深めていきます。
　従来の保育者主導の「課業活動」、日案や週案の中心となる活動だけにとらわれずに、自由場面における子どもたちの発見や感動、興味関心や要求を子どもたちの状況に応じて柔軟に修正しながら保育実践をしていきます。以下に実践例をかんたんに示してみましょう。

【例】「森のプロジェクト」
　4月に5歳児クラスになった子どもたちは、「木となかよしになりたい」、と近くの林に探検に出かけました。また地元の農家の好意で、「竹林」にも散歩に行き、七夕用の竹を決めて目印をつけてきました。このような身近な自然観察から始まった興味が、そこに住む生き物への興味へと広がり、子どもたちは、互いに発見したさまざまなものについて対話しながら、木や虫

などを描画したり、粘土や紙、廃材などで製作し始めました。保育者も、子どもたちの興味に添って、立体的な木の造形活動に誘ったり、森の小人からの手紙を書いて読み上げてみたりして、子どもたちの想像力を刺激しました。このような活動の過程の中から、12月になると、子どもたちと保育者と話し合い、森の小人たちや生き物たちがたくさん登場する劇が誕生しました。

こうして、日々の生活の中から生まれ、保育者が子どもたちの興味に寄り添いながら、新しく共に認識を深めていく過程は子どもたちにとって楽しそうであり、そこから豊かな造形表現へと展開していきました。

図4-24：子どもたちとデザインした「木」の形をタイルで埋め込む。

図4-25：竹林から帰ってきた子どもたちが、竹の伸びた高さを工夫して表現した作品

図4-26： 竹の子の林を絵で表現した子(4歳児)

図4-27:「里山」で穴を掘ったり、虫をみつけたりして遊ぶ。
　こうした体験に基づいて、後に自発的で楽しい造形表現が生まれる。

図4-28:色々な素材で「虫」を表現してみた

【参考】 ＜レッジョ・エミリア＞の「プロジェクト活動」幼児教育

　第二次大戦直後、地域住民が協力して設立した幼児の保育施設が発端となり、イタリア北部の小都市、レッジョ・エミリア市は1963年以降、幼児教育と保育のネットワーク化を始めました。1987年より、その教育実践のようすを「子どもたちの100の言葉展」と名づけてビジュアル化してまとめ、各地を巡るツアーを開始して、大きな成功を収めています。

　レッジョ・エミリア・アプローチの大きな特色は、事前に構成された工程や時間区分をもたず、幼児の興味と関心に従って進められる弾力的なカリキュラム概念です。

　教師は子どもたちの発話や行動をていねいに記録して、次に子どもたちが進んでいきそうな活動をある程度予測しながら、子どもたちの自主的な活動を支援していきます。そこでは、子どもたちの関心や疑問、発見を担任(あるいは「アトリエリスタ」と呼ばれる専属の美術系教師)との対話や調査によって、認識を深めてゆくプロセスを大切にします。レッジョ・エミリアでは、とくにアトリエという整備された造形表現のための空間が常設されており、この中で自分の考えを描画や粘土などのグラフィック言語で表すことで、子どもたちは自分の行為を伝達する方法を学ぶのです。

　全体的な教育活動の中で、視覚的言語(グラフィック言語)が、思考や感情を組み立てる大切なものと位置づけられていることもレッジョ・エミリアの特徴です。

7. 保育室のインテリアデザイン －季節の変化を感じながら－

　子どもたちの身の回りの自然は、一年を通じて変化しています。その変化を「部屋の中で造形的に表現すること」も大切です。四季折々の草花や木の実、葉や小枝、石、羊毛、貝がらなど、それぞれの季節にふさわしい自然素材は、部屋に飾って美しいだけではなく、それらを使って製作するわたしたちの感性を刺激してくれます。

　わたしたちは季節に合った製作に取り組んでいるうちに、外の自然界に対して今まで以上に敏感になり、「今の季節に何かふさわしい素材はないかな」と、たえず自然を観察するようになるものです。そうして製作を続けていると、春分や夏至、秋分や冬至など一年のリズムが子どもたちの生活の中に組みこまれ、子どもも保育者も一年のリズムを自然に体験するようになります。

　おとなと違って自然の法則を無意識のうちにとらえる能力を備えている幼い子どもたちにとっては、自然についての抽象的な知識を身につけることより、季節感のあるインテリア・デザインを通じて、自然の巡りをイメージ豊かにとらえる方がよいでしょう。

　子どものために、自然界のさまざまな素材を使って、季節の色彩にあふれたインテリアデザインを心がけましょう。

保育室のインテリアデザイン（1）　～絵本のポストカードを飾る～

　壁面やテーブル、窓や天井など「室内の生活空間（インテリア）」は、子どもたちにとってさまざまな気づきの場でもあります。ここを「デザインする」という意識をもって、子どもたちと共にインテリアをより美しく、便利に、快適にしていきましょう。

　たとえば、季節感を大切にした壁面構成、子どもの作品の楽しいディスプレイのしかた、手にとって遊べるおもちゃの絵本のコーナー、見て美しいと感じる窓の装飾や天井から吊るすモビールなどなど・・・保育者がインテリアデザインに関わるところは保育室の中にもたくさんあります。

　よく知られた絵本のポストカードをコルクボードなどにピンナップ！
ボードを子どもたちとながめながら、絵本の主人公たちの名まえをあてっこしたり、今まで保育者が読んだ絵本についてお話したりすることで、絵本をめぐる会話がはずむことでしょう。

　また、このボードの近くに子どもが絵本を手にとって読みやすい「絵本コーナー」も設置するとよいですね。

保育室のインテリアデザイン（2）　～太陽がいっぱい～

子どもがひとつずつ自由に描いた「太陽」を壁面に飾って、保育室を明るく照らそう！

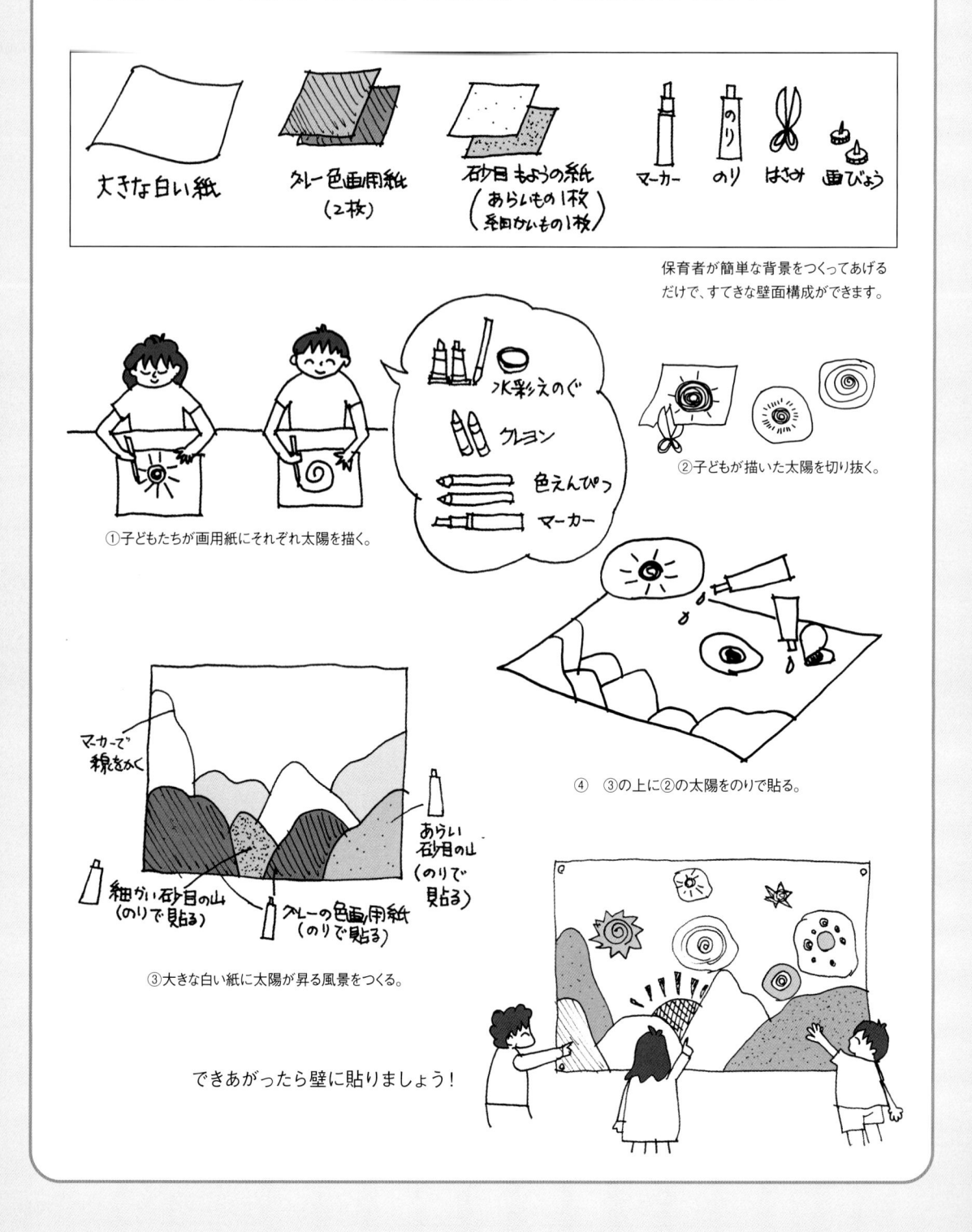

材料・道具：大きな白い紙、グレー色画用紙（2枚）、砂目もようの紙（あらいもの1枚、細かいもの1枚）、マーカー、のり、はさみ、画びょう

保育者が簡単な背景をつくってあげるだけで、すてきな壁面構成ができます。

① 子どもたちが画用紙にそれぞれ太陽を描く。（水彩えのぐ、クレヨン、色えんぴつ、マーカー）

② 子どもが描いた太陽を切り抜く。

③ 大きな白い紙に太陽が昇る風景をつくる。
- マーカーで線をかく
- 細かい砂目の山（のりで貼る）
- あらい砂目の山（のりで貼る）
- グレーの色画用紙（のりで貼る）

④ ③の上に②の太陽をのりで貼る。

できあがったら壁に貼りましょう！

保育室のインテリアデザイン(3) 〜かんたんステンドグラス〜

黒画用紙とカラーセロファンで「ステンドグラス」を作って窓に飾りましょう。
窓から差し込む陽の光が、床や机に色とりどりの影を落とし、時間と共に変化する美しい光と影を楽しみましょう。

子どもの作例(4〜5際):霧吹きで軽く水を吹きかけた障子紙に、自由ににじみ絵を描いてみました。
一枚ずつ障子貼りしたら、こんなきれいな作品に!

Chapter 4
実践プログラム集

保育室のインテリアデザイン（4）　〜手づくりアクセサリーやさん〜

子どもたちが作ったアクセサリーや変身グッズ（王冠やメガネ、お面など）を、一枚のベニヤ板に枝をくくりつけて、ぶら下げてみましょう。遊び心をそそられる楽しい壁面デザインになります。

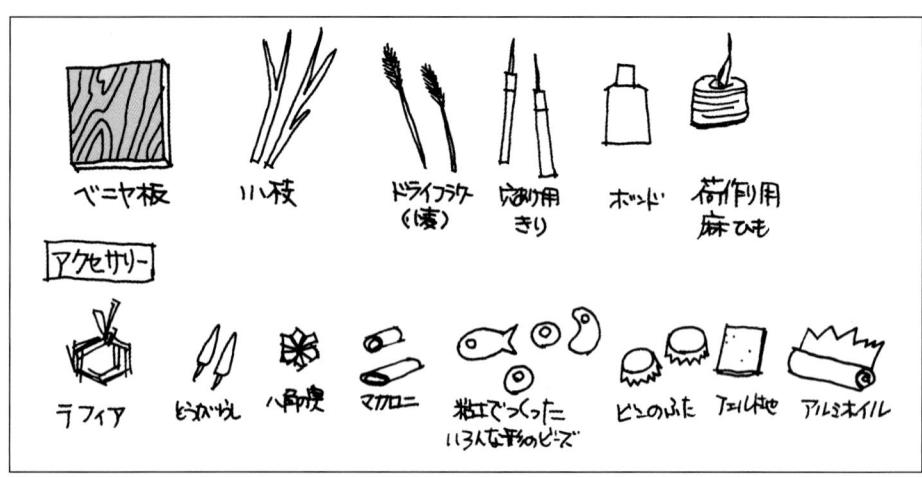

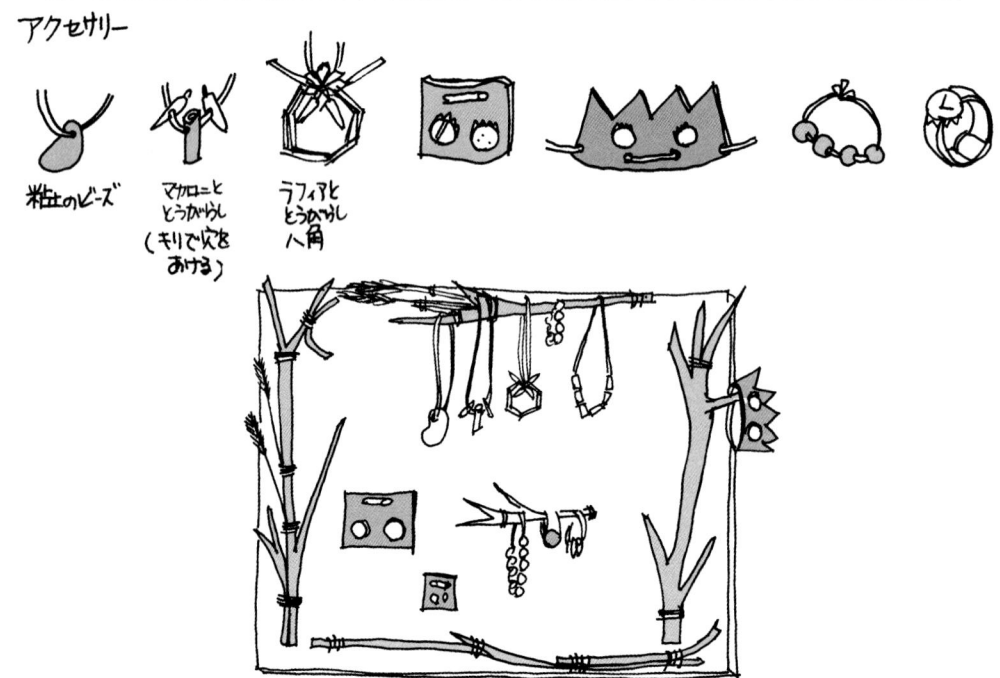

子どもたちは、遊びに応じて、好きな時にアクセサリーの取り外しができて便利です。

保育室のデザイン（5）　～季節のテーブル～

春夏秋冬、四季それぞれに手に入る自然素材を使って、子どもたちを人形や動物、虫などを作ります。小テーブルに季節にふさわしい色の布をかけ、その上に子どもたちの作品と共に、季節の花や木の実、小枝や石などを並べて飾ります。

― 参考資料 ― 子ども歳時記(身近な季節行事)

お誕生日:一人ひとりの子どもたちのかけがえのない命が誕生した日。
身近な人々の愛情に守られたその子の一年ごとの成長を祝います。
＜保育所では月ごとに「お誕生会」を開いて、バースデーカードやささやかなプレゼントを作って一人ひとりの子どもに贈ったりします。＞

お正月:1月1日~7日
元旦は、一家を守ってくれる歳神様(としがみさま)が天から降りてくる日。
再びすべてが一から始まり、この世にあるものが生まれ変わる、という古代日本人の古い信仰心も起源とされる、一年で一番大きな行事です。
＜お正月飾りは、松飾りやしめ縄などに新年の幸福への願いを託しています。材料には紅白や金銀の水引、和紙などの他、松竹梅や千両、福寿草、菊などが使われます。子どもたちにとっても鶴や扇など日本の伝統的な形が見られるよい機会でしょう。＞

節分:(立春の前日)2月3日(年によっては4日)
悪いことを象徴する「鬼」を「鬼は~そと、福は~うち」と大きな声で豆をまきながら叫んで、全部追い出してしまおうとする行事。
豆まきの他、昔はひいらぎの枝に鰯(いわし)の頭を刺して、玄関や窓に飾る風習もありました。
鰯の匂いにつられて出てきた鬼が、ギザギザの葉のトゲで目を刺されるからだそうです。
＜園によっては、節分用の鬼のお面を製作して保育者と共に豆まきを行います。＞

ひな祭り:3月3日
冬の寒さが和らぎ、春の訪れを感じる頃、「桃の節句」とも呼ばれるひな祭りがやってきます。(旧暦で4月3日に行う所もある)神社で配る「形代(かたしろ)」と呼ばれる、簡素な紙人形が起源といわれ、この人形で人の身体をなでて、汚れを払った後をれを水に流すという風習が「流しびな」につながったそうです。やがて宮中の女官たちのままごと遊びである「ひな遊び」と結びつき、江戸時代中頃からは、華やかな段飾りのひな人形が飾られるようになりました。
＜幼稚園や保育所でも、この時期千代紙や和紙、紙粘土、卵の殻など様々な素材を使って「おひなさま」を製作しますが、今は一般的に「男びなが向かって左、女びなが右側」という東京風が定着しているようです。雅びで、華やかな行事である女子の祭りでは、女の子たちが着物を着て白酒やひなあられ、草もち、はまぐりのお吸い物やちらしずしなどを頂きます。昔はひな祭りの歳には貝合わせという優雅な遊びをしたそうです。おひなさまに お供えする「菱もち」は上から白、紅、緑の三色になっています。これは雪をかぶっている地面に梅

の花が咲き、若草も育っていることを表していると言われます。他にも菜の花の黄色や明るい緑、淡い桃色など春らしい色づかいがよく使われます。＞

イースター(復活祭):4月中旬ごろ

十字架上で死んだキリストがよみがえったことを祝う復活祭で、キリスト教徒にとって、クリスマスと同じくらい大切な祭です。

春の訪れを喜ぶお祭りでもあります。まだ冬眠している森や野原の妖精を目覚めさせてあげるために、リズミカルな踊りを踊ったり、色づけしたゆで卵を贈ったりする習慣もあります。

＜イースターの象徴は、卵、鳥、子だくさんのウサギ、春の花です。イースター・エッグを春らしい明るい色彩で作ったり、子どもたちは卵さがしゲームに興じたりします。＞

卒園・入園:4月上旬

幼稚園や保育園への入園、小学校入学は、子どもの人生の大きな節目です。家庭から、一人で新しい社会の仲間入りします。その新しい環境が楽しい、安心できる場であることを伝えるために、晴れやかな気持ちで祝います。

端午の節句:5月5日

いまは「子どもの日」とされているこの日は、もともと災いや厄をはらうための中国伝来の行事が行われた日で、馬に乗って弓を射る「流鏑馬(やぶさめ)」のような武道の儀式が行われたため、「男子の節句」とされるようになりました。五月人形とも呼ばれる武者人形、よろいやかぶとなどを飾ります。屋外には、男子の成長を滝を上る鯉の勢いになぞらえて「鯉のぼり」をあげます。しょうぶを入れたお風呂で入浴したり、ちまきや柏もちを頂きます。

＜おひな様と同じように、幼稚園・保育所でもよく「鯉のぼり」を作りますが、いちばん上に吹き流し、次に真鯉、緋鯉、子鯉の順番に並べるのが一般的です。＞

母の日:5月第二日曜日

お母さんに感謝の気持ちを伝える日で、カーネーションやプレゼントを贈ります。1913年にアメリカのペンシルヴァニア州で公認の祝日とされて以来、母の日は世界中に広まりました。

＜幼稚園や保育所では、お母さんにプレゼントする花を作ったり、お母さんの絵を描いたりします。＞

父の日:6月第三日曜日

お父さんに感謝の気持ちを伝える日。母の日のカーネーションに対して、父の日はあまり知られていませんが、バラの花がシンボルです。

虫歯予防デー:6月4日
<虫歯予防のお話や、パネルシアターを演じたりしながら、子どもたちに健康な歯の大切さを伝えます。>

時の記念日:6月10日
<時計を製作する造形活動をしたり、絵本を見たりして、子どもたちに「時間」への興味を向ける機会を作る園もあります。>

入梅:6月10日ごろ
<この時期、園内の壁面構成や子供たちの作品のモティーフとして、「あじさい」の花や、「かたつむり」などがよく使われます。>

七夕:7月7日
中国から伝わった美しい星のお祭り。8月7日に祭りが行われる所もあります。伝説では、この日は天の川をはさんで神さまに引き離されてしまった夫婦、おり姫(織女)とひこ星(牽牛)が、一年に1回だけ川を渡って会うことを許される日だといいます。もともとこの二人は働き者だったのに、結婚したら遊んでばかりいるようになってしまったため、神さまに罰を下されたそうです。七夕の日のためにおり姫はいっしょうけんめい織物を織り、ひこ星は田畑を耕すといいます。

<笹竹を立て、飾りや様々な願いごとを書いた短冊を下げます。七夕飾りには伝統的な様々なものがあり、子どもと共に製作を楽しむことができます。五色の短冊の他、折り鶴、あみ(裁ちくずを入れる籠)、星、ちょうちんなど・・・)昔は七夕の日に笹竹を川に流して厄をはらっていました。>

中秋の名月:9月18日ころ
夏の暑さが終わり、虫の音が聞こえてくる秋の夜、美しく輝く満月を鑑賞する行事です。月に花やだんごを供える風習はあまり見られなくなりましたが子どもたちがおだんごを作るよい機会です。

<月のよく見える窓辺に、小さな台を置き、その上に秋の七草、萩、すすき、くず、なでしこ、おみなえし、ふじばかま、ききょうの中から選んだ花などを飾ります。>

敬老の日:9月第二日曜日
長寿の祝いとしては、還暦(61歳)、古希(70歳)、喜寿(77歳)、傘寿(80歳)、米寿(88歳)、卒寿(90歳)、白寿(99歳)があります。

<幼稚園・保育所では、この日の近辺に身内や地域のお年寄りとお茶を頂きながら、交流す

る機会をもつ所も多いようです。お手玉を作って遊ぶなどして、お年寄りと楽しく交流をはかりましょう>

ハロウィン:10月31日

最近では、若い人の間で定着してきたハロウィン。この日は日本のお盆に似ていて、万霊節という死者の魂が出現する前々日の祝日です。キリスト教以前のヨーロッパの古い自然信仰が元になっており、先祖の霊の他に、魔女や妖精も出没するといわれます。

同時に秋の収穫を祝い、新年を迎える季節の行事でもありました。今では、お化けや魔女、妖精などに扮装した子どもたちが「Trick or treat!（ごちそうをくれないとイタズラするぞ）」といいながら近所の家を回ってお菓子をもらいます。

<ハロウィンのシンボルカラーは、「ジャックオーランタン」で知られているかぼちゃのオレンジ色と黒です。これは光と闇を表しているともいわれ、ハロウィンの装飾には欠かせない色となっています。子どもたちとカボチャや魔女や黒ネコ、クモなどの装飾品を作ったり、手づくりの仮装を楽しんだりすることができる行事です。>

七五三:11月15日

昔から奇数はおめでたい数字とされてきたことと、子どもの心と身体が3歳、5歳、7歳の時期に目立って変化することから生まれた行事です。昔は3歳の男子が髪をのばし始める「髪置」、5歳の男児がはかまをはくようになる「はかま着」、7歳の女児が着物のつけひもをとって、巾の広い帯をしめるようになる「帯解」の祝いをそれぞれ別々に祝っていましたが、江戸時代になると「七五三」としてひとつにまとまりました。そのお祝いが氏神様の収穫を祝う秋祭りの時期に定められました。

<子どもたちは晴れ着を着て、記念写真をとったり、神社にお参りしたりして、身内でお祝いの膳を囲むのが一般的ですが、幼稚園や保育所では、この行事に合わせて「千歳飴」の袋を製作したりもします。>

クリスマス:12月24日・25日

キリストの誕生という、キリスト教徒にとって大切な祝いです。

聖夜とされている12月25日の前の晩がクリスマス・イヴと呼ばれます。サンタクロースがプレゼントを運んできてくれる、と信じられて、世界中の子どもたちが楽しみにしている行事でもあります。

<クリスマスの基本の色は、赤、緑、白の三色です。保育の場でも、リースやキャンドルを作ったり、クリスマスツリーにオーナメントを飾ったりしてクリスマスを待つ所も多いようです。>

8. 素材や道具と仲良くする

　かつての子ども達は、野外遊びや日常生活の中で、はさみやナイフなど、様々な道具の使い方をおのずと身に付けていきましたが、現在の子ども達は、家の手伝いや、手を使った遊びから遠ざけられているせいでしょうか、その未熟さには驚かされます。また、満足に鉛筆さえ削れない学生が多いのも気になります。

　描き、作ることを通して、様々な造形素材や道具に親しむことは、豊かな創造意欲の契機となります。子ども達の将来を人間性豊かな、潤いのあるものにしてくれることでしょう。

(1) 描くための材料

1) クレヨン・パス

　顔料[※]をロウや油で混合し、棒状に固めたもの。その分量の違いによって、クレヨンやパスとなる。クレヨンは透明感があり、すべりが良いので、ドローイングに向いています。
パスは不透明感があり、広い面をたっぷりと塗ることが出来るので、ペインティングに適しています。時には、色画用紙に描くのも表現の幅を広げる効果があります。

※顔料(がんりょう)：水などに溶けて染まる性質を持つ染料に対して、顔料はそれ自体で着色せずニカワや油などと 混ぜて絵の具となります。

2) パステル

　パステルは顔料などを薄いアラビアゴムで固めて作られます。「パステルカラー」という言葉があるように、パステルの柔和で鮮やかな色彩はたいへん美しいものです。不透明であるため、暗い色画用紙を用いると効果的です。子供の色彩感覚を養うのに適した画材です。ただし、良質のものは高価です。また、定着力が弱いので保存するにはパラピン紙を重ねたり、定着液を吹き付けたりする必要があります。

3) 水彩絵の具

　顔料にアラビアゴム、グリセリンを加え、練ったもので、その分量の違いによって、透明水彩、不透明水彩に分かれる。その違いは、メーカーによって異なります。

　水彩絵の具は何歳から用いるべきか、という質問をされることがありますが、「何歳からでも良い」でしょう。要は与え方、使用法です。年少、年中の幼児にとって、チューブからパレットに搾り出したり、キャップの開け閉めは厄介な作業です。この年頃の子供にはあらかじめ、ボウルなどの容器に、絵の具3〜5色程度を水に溶いて入れておき、大きめの筆を各色に一本ずつ、グループであればその人数分入れておくと良いでしょう。また、なるべく混色させないよう指導します。年長頃から、各自に12色セットの絵の具を与えることは、制作意欲を引き出す効

果があります。

　水彩絵の具に慣れる一つの方法として、画用紙に縦横5本ずつの線を引いて格子を作り、パレットに12色全部を出し、水の量に注意しながら好みの色で四角の面を塗り分けていく、という方法があります。

　4）アクリル絵の具
　20世紀後半から、主にアメリカの画家達によって用いられ始めた比較的新しい絵の具です。
　水で溶いて描くので、基本的に水彩絵の具の一種といえるが、アクリル絵の具(ポリマー絵の具とも言う)は、乾燥すると塗膜ができて水にとけにくいことや、油絵の具のように厚塗りが可能であるため、近年、アクリル絵の具で作品を創る画家が増えています。また、接着力も強いので、コラージュをしたり砂を混ぜたりして絵肌の効果を楽しむ事も可能です。

　5）鉛筆とコンテ、木炭
　ドローイング材料の代表格。鉛筆は4Bくらいの柔らかなものがよいでしょう。鉛筆画からクレパス、水彩画へと発展させるのは良いが、"下描き"として用いると、絵が萎縮したものになりやすい。また、色鉛筆は大きな画面には適しません。　コンテや木炭は力強く、のびやかな表現ができ、指などでこすり、伸ばすことも可能です。ただし、手や服を汚しやすいので注意する必要があります。

　6）ペンと毛筆
　年長になったら、木の枝や割バシを削ったペンや毛筆で、下描きをせずに描くことも試みる価値があります。未知の材料への戸惑いや抵抗感もまた、新鮮な表現への契機となります。

　7）フェルトペン
　油性と水性があるが、水性をおすすめしたい。軽くすべりが良いので、年少の子も、自由にドローイングを楽しめます。

　8）チョークとロウ石
　これは野外に出て、地面に描く。区切りが無いので大きくのびのびと描けて、開放感が得られる。

　9）フィンガーペイント
　指や手に直接絵の具をつけて紙に描きます。形にとらわれず、絵の具の感触をじゅうぶんに味わう年少の"ぬりたくり"に適しています。(P99参照)

10）はり絵

　下描きをせずに色紙などを切って、自由に貼ります。はさみより、指でちぎってやる方が、おおらかな表現ができます。また、卵の殻を砕いて着色し貼っていくモザイク画も貼り絵のひとつと考えられます。この場合、乾燥すると水に溶けないアクリル絵の具が適しています。

（2）素材や道具について

1）紙など

　造形素材として、トイレットペーパーからダンボールまで、身の回りのあらゆる紙が使用できます。水彩画には、各種の画用紙や色画用紙を用いるが、ドローイングは、身近にある包装紙や広告チラシ、新聞紙、模造紙などにたくさん描かせましょう。

　年少の子には、むしろ大きな紙を与えるべきだろう。子供の絵は、保存や展示よりも、描く行為そのものに意味があるのだから。紙以外にも、工作として布や石ころ、木の実、枝などの自然物へのペインティングも試みたい。この場合、アクリル絵の具の方が適しています。

2）粘土など

　泥粘土、紙粘土、油粘土、小麦粉粘土などがある。特に年少の子供にとって、"泥んこ遊び"は、創造の原点と言えます。砂も含め、可塑性※の強い粘土素材は、想像力を満足させ、飽きさせない魅力があります。粘土ベラやスプーンなども与えて、道具にも慣れさせます。

　紙粘土(ちり紙粘土)や、小麦粉粘土は、子供達に作らせることをおすすめします。（P84・85参照）

※可塑性(かそせい):自由に形を変えられる性質

3）はさみやナイフなどの道具

　これらを何歳から使用させるか、についてはさまざまな考え方がありますが、道具はあくまで手の延長と考え、子供が使いたいと思った時に、使い方をきちんと説明した上で、与えるべきでしょう。

　その他、造形内容によって、金づち、木づち、ペンチ、のこぎりなど、又、日用品として、セロテープ、ガムテープ、ホッチキス、ローラーなどを用意しましょう。（P48参照）

9. こんな時どうする ― 保育者へのアドバイス ―

「造形による表現」というのは、さまざまな素材と触れ合いを通して自分の気持ちを目に見える形に表す創造活動です。作り出す喜びや、自分の気持ちを人に伝えたり受け入れてもらったりするうれしさを味わうことのできる活動にしたいものです。

けれども子どもたちの中には、造形活動を嫌がったり、集中できなかったりする子も見かけられます。

幼児と関わり始めたばかりの学生の皆さんが、どのように問題に対処したらよいのか、とまどうことも多いと思います。皆さんの先輩の保育士や幼稚園の先生たちもいろいろと悩んでいます。100人の先生方に「造形活動のなかで今いちばん問題だと思うことは何ですか」というアンケートをとりました。その結果、多かった事項から考えてみましょう。

絶対に正しいという答えはありません。目の前にある問題を仲間と一所懸命に考え、子どもと関わりながら、その解決の手だてを見つけようとする努力の中に、皆さんの答えがあると思います。

(1) 造形活動を楽しめない子

保育者は、それぞれの子どもたちに楽しい造形活動の機会を作ってあげたいと願っていても、同じものを作る設定の製作活動をする時、その活動に興味を示さない子がいます。なぜなのでしょうか。これまで造形の活動機会が乏しくて、画材や道具をうまく使いこなせないため、製作活動をおっくうに感じているのかもしれません。保育者から「好きなように描きなさい」と言われても、何を描いたらよいかわからずとまどっているのかもしれないし、「今は描きたくない、他にもっとやりたいことがあるんだ」、という気分の子もいるでしょう。造形活動を楽しめない子の理由はさまざまあるはずですが、どんな理由であれ、保育者はその子の心を理解する努力がいちばん大切です。

また表現することに自信をもてない子は、両親など身近なおとなによって他の子と比べられているうちに、自分は「へただ」という意識をもってしまっている場合も多いようです。そのような場合は、とにかく保育者が「子どもどうしを比べる」ということをしないようにし、その子の造形活動のよい部分をみつけて言葉をかけるよう心がけてください。(その際「かわいい!」「上手だね!」といったありふれたほめ方ではなく、例えば「さっきは小さいマルだったけど、今度は元気な大きいマルが描けたね」、といった、その子の製作のプロセスで気づいたことを具体的に語りかけてあげましょう。そうすることで、子どもは初めて「先生は見ていてくれた、自分を理解してくれている」、という気持ちをもつことができます。)

かたくなにじっとしている子への対応にも細かい配慮が必要です。例えば「ここにのりを塗って、画用紙に貼ってみようか」といったように、作業の方法をわかりやすく説明しながら、

時には一緒に行うことがあってもよいでしょう。すぐにはやりたがらなくても、他の子が取り組んでいるのを見て、興味を示す場合もあります。

保育者は、造形活動を楽しめない子の話をよく聞く努力をしなければなりません。その子が興味をもっているものを把握したうえで、それを絵に描くことから始めるなど、声をかけてほしいと思います。そしてその子どもが自分の思いを表現できた時には、心からほめ、励ましてあげてください。

（2）集中できない子

「作ってみたい」という気持ちはあるようなのに、気が散り、途中で投げ出してしまう子もいます。できるだけ先生も一緒にいて、その子が安心して落ち着いて製作を進めていくことができるようにしてあげましょう。

例えば、その子にも簡単にできる製作活動をたくさん行うようにします。また、次にどうすれば自分のイメージに近づけるのかわからずに飽きてしまっている子の場合は、できるだけその子に言葉をかけて、その子がどんなイメージを持ち、そこに近づけるにはどうすればよいか考えさせるよう配慮しましょう。

すぐに、「やーめた！おわり」、といって遊びに行ってしまうKくん。紙皿を使ったブーメランをみんなで作っていた時も、さっさと雑に作り終えて他の遊びに向かおうとしました。けれどもいつも仲のよい子がじっくりと製作に取り組み、最後にカラフルな色をつけて完成し、楽しそうにブーメランを飛ばしているのを見て、Kくんはあわててまた保育室に戻り、自分でクレヨンを取り出してもようをつけました。

このように自分で気づいたことは、子どもは集中してやるものです。ですから、子どもたちの問題をいう前に、私たち保育者が提供するプログラムが子どもたちの興味をひくものであるかどうか、子どもたちの発達に即したものであるかどうか私たちはたえず注意しなければなりません。

子どもによって興味は異なります。描画が好きな子もいれば、積木ブロックによる立体造形、あるいはトンカチなど道具の操作に興味がある子もいます。いずれにせよ、子どもは自分に興味のあることなら、一生懸命やります。

子どもはもともと落ち着きのないものです。彼らは動き回って遊び、動きながら描き、まもなく違う遊びに動き出します。この幼児特有の風のようなダイナミズムに逆らって「みんなで造形活動をしているのだから、じっと落ち着かせよう」と、押さえつけるのは無理があるでしょう。時間をかけて、少しずつその子ができるようになっていくよう見守る保育者の心のゆとりが必要です。

（3）手が汚れるのをいやがる子ども

ある保育者から、濡れた砂に触りたがらない2歳児について相談を受けたことがあります。

また「のりはべたべたして気持ちわる〜い」、と嫌がる子の例も意外と多いようです。

　素材と仲良くしてほしい保育者側からは困った問題でしょう。そのような子にはスライムや小麦粉粘土をビニール袋に入れたり、ラップで包んだりしたものを渡すようにしてみたらどうでしょう。遊んでいるうちに袋が破れて穴があいて、粘土が出てきて自然に触れるようになり、やがて嫌がらなくなります。

　手足が汚れるのを嫌う子は、親が、子どもが服を汚すのを好まない場合が多いようです。じっさい園児の母親が「子どもの服が絵の具で汚れてしまった」と、保育者に言ってくるということもありました。

　「子どもの成長にとって造形遊びは大切な活動である」ということを日頃から保護者にも伝える努力をしましょう。「お母さん、こんなにすてきなの作りましたよ」と子どもたちの作品を見せたり、子どもがどんなに楽しそうに製作したか話したりして、造形活動への理解を深めてもらいます。そのうえで「明日は造形活動をします。汚れてもよい服装をしてきてください」と連絡する気配りも必要です。

　もちろん製作するときに、のりを使っている子どもの手元にしぼった小タオルを置いてあげるといった配慮もするようにしましょう。

（4）模倣習慣

　子どもは興味を引かれたさまざまなことを自主的に模倣しながら学ぶものです。このように「模倣から創造へ」と広い意味でいう場合には、模倣体験は必要です。

　しかし、隣の子の絵をのぞき込んでそっくりに描くという場合は、創造の流れからはずれた安易な方法だと考えられます。自分の表現に自信がもてないのですから、何らかの方法で勇気づけてあげたいものです。

　ただし、それまで全く描こうとしなかった子や、情緒不安定な子が、模倣することによって活動を持続することができるようになった場合には、友だちの真似をして描いたとしても、しばらく静かに見守ってあげた方がよいと思います。

（6）情緒不安定な子ども

　活動中によく大声を出したり、落ち着かなかったりする子どもの場合は、他の子への迷惑を自覚することができるようにきちんと話して聞かせますが、少しでも活動に集中しようとしてきたら、その努力は必ずほめるようにしましょう。用具の取り扱いが乱暴な場合も注意してあげましょう。そのような子は精神的に集中できないので粗雑な表現になりがちで、発想もうまくまとめることができません。保育者が落ち着いて接することが必要です。「ていねいに描いてね」と気づかせて、根気よく指導をしましょう。

　また造形活動に使う道具の中には、保育者が注意しないと危険なものもあります。

(ある園で、けんかが始まった時に、子どもが突然目の前にあった鉛筆を手にとり、相手の眉間に芯を刺してしまったということがありました。このようなことが起きないように、造形活動が終えたら、用具はきちんとしまうよう気をつけましょう。)

　例えば、はさみや竹ぐし、鉛筆などの先のとがったものや刃物を子どもたちに与える場合、それぞれの道具の適切な使い方をていねいに伝えてから始めることが必要です。

　セロテープやのり、紙など造形活動によく使う材料は、きちんと整理してできるだけ子どもの手の届きやすい場所に置くようにしましょう。子どもが使いたい時に、いつも同じ場所に道具があるという「秩序感」は気持ちの安定につながります。また、子どもが使い終わったら必ず元の場所に返す、という指導も徹底すべきでしょう。

(6) 持続力が欠如している子

　観察力も不足気味で、すぐ飽きてしまう子は、作業もいい加減な場合が多いものです。それを指摘すると「できない。先生やって」とすぐに助力を求めてきます。そのような時は、自分の場所から離れずに作業できるように習慣づけ、助言するようにします。保育者の前に子どもたちが順番待ちの列を作っている風景を見かけることがありますが、これは子どもの活動が停滞している状態なので注意が必要です。

　子どもたちが興味を持ち、自分からやろうとするような活動の準備ができているかどうか気をつけてください。

(7) 途中で投げ出してしまう子

　作業が途中で挫折して、先に進むことができなくなる状態は、慎重で完璧さを望むために起こります。早めに発見し、適切な助言で態勢を立て直してあげたいものです。たいていは活動の始めに形がうまくとれないので「できない」と決めつけて、投げ出しがちです。補助的な力添えや形の指示でその後の作業のきっかけを作ってあげましょう。

参考文献

・山本正男監修『比較芸術学研究 第3集 芸術と宗教』美術出版社、1981年
・西村清和著『現代アートの哲学』産業図書、1995年
・エリオット W.アイスナー著、仲瀬律久他訳『美術教育と子どもの知的発達』黎明書房、1986年
・山本正男監修『美術の歴史・美術教育の歴史』大学教育出版、2005年
・フレーベル著、荒井武訳『人間の教育』(上)(下)岩波文庫、1964年
・小笠原道雄著『フレーベル』清水書院、2000年
・荘司雅子著『フレーベル教育学への道』日本記録映画研究所、1985年
・阿部真美子他訳『モンテッソーリ・メソッド』(世界教育学選集77)明治図書、1974年
・マリア・モンテッソーリ著、平野智美他訳『私のハンドブック』エンデルレ書店、1989年
・文部省編『幼稚園教育百年史』ひかりのくに株式会社、1979年
・ハーバート・リード著、植村鷹千代他訳『芸術による教育』美術出版社、1953年
・ヴィクター・ローウェンフェルド著、竹内清他訳『美術による人間形成』黎明書房、1995年
・『幼稚園教育要領・保育所保育指針』チャイルド本社、1999年
・井上俊郎 新井規夫 飯田泰造『造形表現』主文社、1992年
・ハーバート・リード著、宮脇理他訳『芸術による教育』フィルムアート社、2001年
・時実利彦『人間であること』岩波新書、2001年
・桑原実他編著『幼児絵画製作教育法』東京書籍、1978年
・林健造他編著『幼児絵画製作教育法 実技編』東京書籍、1978年
・谷田貝公昭監修『造形』一藝社、2004年
・花篤實他編著『表現―絵画製作・造形―理論編』三晃書房、2002年
・磯部錦司『子どもが絵を描くとき』一藝社、2006年
・高山正喜久『図画工作』日本女子大学、1983年
・明星大学図画工作研究会『図画工作科教育1』明星大学、1992年
・村内哲二『造形表現の指導』建帛社、2005年
・若本澄男編集『図画工作・美術科 重要用語300の基礎知識』明治図書、2004年
・田中敏隆監修『保育表現II(造形)』田研出版、2004年
・井出則雄 久保出浩『新幼児の絵』誠文堂新光社、1978年
・真鍋一男 宮脇理監修『造形教育事典』建帛社、1991年
・宮脇理監修『美術科教育の基礎知識』建帛社、2004年
・金子一夫『美術科教育の方法論と歴史(新訂増補)』中央公論美術出版、2003年
・黒川建一『造形表現の探求』相川書房、2001年
・W・リード著、田辺晴美訳『初めての人物画教室』エルテ出版、2002年
・林晃著 ゴウ・オフィス『動物の描き方』グラフィック社、2003年
・小島尚美編著『色の事典』西東社、2000年
・幼児表現教育研究会編著『うたって、つくって、あそぼう』音楽の友社、1989年
・ローウェンフェルド著、竹内清・堀ノ内敏・武井勝雄訳『美術による人間形成』黎明書房、1995年
・ローダ・ケロッグ著、深田尚彦訳『児童画の発達過程―なぐり描きからピクチュアへ―』黎明、1998年
・東山明 東山直美著『子どもの絵は何を語るか』NHKブックス、1999年
・グリン・V・トーマス アンジェ・M.J.シルク著、中川作一監訳『子どもの描画心理学』法政大学出版局、1996年
・今川恭子 宇佐美明子 志民一成編著『子どもの表現を見る、育てる』文化書房博文社、2005年
・花原幹夫編著『保育内容 表現』北大路書房、2005年
・森上史朗編著『新・保育講座 保育原理』ミネルヴァ書房、2002年
・梅根悟監修『幼児教育史I』講談社、1974年
・森田博章『造形教室』つなん出版、2005年
・東山明監修『図工科ワークショップ 低学年編』明治図書、2002年
・村木朝司『土の工作工芸』開隆堂、1994年
・東森茂美『つくって遊べる工作のほん』かもがわ出版、2004年
・吉田明『10分陶芸』双葉社、2006年
・C.エドワーズ L.ガンディーニ G.フォアマン著、佐藤学 森眞理 塚田美紀訳『子どもたちの100の言葉―レッジョ・エミリアの幼児教育』世織書房、2001年
・J.ヘンドリック編著、石垣恵美子 玉置哲淳監訳『レッジョ・エミリア保育実践入門―保育者はいま、何を求められているか』北大路書房、2000年
・森田恒之著『画材の博物誌』中央公論美術出版社、1994年

Chapter 4
実践プログラム集

写真提供

図1-1：フラ・アンジェリコ「受胎告知」　提供：W・P・S
図1-2：ロイスダール「大きな森」　提供：W・P・S
図1-3：ラ・トゥール「ポンパドゥール夫人」　提供：W・P・S
図1-4：ドーミエ「洗濯女」　提供：W・P・S
図1-5：ゴッホ「オーヴェールの教会」　提供：W・P・S
図1-6：リキテンシュタイン「わかっているはブラッド・・・」　提供：W・P・S
図1-7：丸木位里・丸木俊「原爆の図」　提供：丸木美術館
図1-9：モンテッソーリ「差し込み円柱」　提供：エンデルレ書店
図3-1：アルブレッド・デューラー「聖ペテロと頭部の構成習作」　提供：美術出版社
図3-17：伝鳥羽僧正「鳥獣人物戯画」　提供：学研（イメージネットワーク）
図3-18：「伝源頼朝像」　神護寺　提供：学研（イメージネットワーク）
図3-19 ディエーゴ・ベラスケス「ラスメニーナス」　プラド美術館　提供：W・P・S
図3-20：クロード・モネ「ひなげし」　提供：W・P・S
図3-21：長谷川等伯「松林図」　東京国立博物館　提供：DNPアーカイブ・コム
図3-22：フランソワ・ミレー「羊飼いの少女」　提供：W・P・S
図3-23：葛飾北斎　富嶽三十六景「神奈川沖浪裏全図」　提供：アマナイメージズ
図3-29：「月光仏」　東大寺法華堂　提供：学研（イメージネットワーク）
図3-30：「ヴィーナス」　提供：W・P・S
図3-31：ミケランジェロ・ブオナルローティ「ピエタ」　提供：W・P・S
図3-32：アントニオ・ガウディ「サグラダ・ファミリア」　提供：W・P・S
図3-46：尾形光琳「八橋蒔絵硯箱」　東京国立博物館　提供：DNPアーカイブ・コム

編著者紹介および執筆分担

新井 規夫 (鶴見大学)　　　　　監修
市瀬 恭子 (秋草学園短期大学)　Chapter4
小久保 裕 (白鴎大学)　　　　　Chapter4
染谷 哲夫 (秋草学園短期大学)　Chapter2,3,4
髙橋 愛　 (玉川大学)　　　　　Chapter2,4
豊泉 尚美 (秋草学園短期大学)　Chapter2,4
益田 勇一 (白鴎大学)　　　　　Chapter1

イラスト：濱下 和子
表紙デザイン：染谷 哲夫
本文デザイン：山本 昌生
制　　作：圭 文 社

保育者のための基礎と応用
楽しい造形表現
子どもの造形表現研究会　編著

発　　行　　2007年3月31日　初　版　第1刷発行
　　　　　　2016年3月10日　　　　　　第4刷発行

編 著 者　　子どもの造形表現研究会
発 行 者　　佐藤 照雄
発 行 所　　圭 文 社
　　　　　　〒112-0011　東京都文京区千石2-4-5
　　　　　　TEL.03-5313-1229　FAX.03-3946-7794
印刷・製本　恒亜印刷
　　　　　　ISBN978-4-87446-065-8　C1076

本書の無断複写・複製・転載を禁じます。
落丁・乱丁本はお手数ですが、上記までお送りください。送料弊社負担でお取り替えいたします。